이웃집 식물상담소

이웃집 식물상담소

식물들이
당신에게 건네는
이야기

신혜우 글 · 그림

브라이트

도깨비쇠고비 *Cyrtomium falcatum*

식물과 이야기하고 싶은 당신에게
보내는 초대장

고향이 서울이 아닌 저는 2015년에 얼떨결에 지금 사는 동네로 이사를 왔습니다. 아파트 단지에 오래된 나무가 울창하고 놀이터엔 아이들이 많다는 이유로 덜컥 집을 골랐지요. 유치원부터 고등학교까지 단지 바로 곁에 있어 어린 친구들이 무척 많았습니다. 우리나라에 출생률이 낮다는 게 믿기지 않을 정도였죠. 특히 집을 둘러싸고 사방에 놀이터가 있어서 늘 참새 소리처럼 어린이 웃음소리가 울려 퍼졌습니다.

처음으로 동네 한 바퀴를 돌던 날, 여기서 예전부터 꿈꿔왔던 '이웃집 식물학자'가 되어보면 좋겠다고 생각했습니다. 실험실에 출근하지 않는 주말이나 휴일에 놀이터에 앉아 있으면 누구나 와서 식물에 대해 물어볼 수 있는, 만나기 쉬운 우리 동네 식물학자 말이죠.

그러나 막상 제가 사는 동네에서 시작하려니 용기가 나지 않았습니다. '온 동네 어린이가 나를 알게 되면 좀 곤란하지 않을까?', '어디에서 어떤 모양새로 시작하지?', '남녀노소 누구나 참여할 수 있는 게 좋을까?' 등에 대한 답을 찾지 못한 상태였죠. 바쁜 날들 속에 저는 계속 익명의 주민이었습니다.

4년이 지난 2019년, 미국 연구원 생활을 마치고 돌아와 '식물상담소'를 열 좋은 기회를 만났습니다. 미국에 가기 전에 마지막 전시를 열었던 통의동의 복합문화공간 '아트 스페이스 보안'에서 플리마켓이 열렸거든요. 식물을 좋아하시는 그곳 대표님의 초대로 친한 작가님과 전시를 열었던 곳입니다. 플리마켓이었지만 저는 물건을 팔지 않고 무료로 식물상담소를 운영하고 싶은데 참여해도 괜찮냐고 여쭈었고 대표님도 좋아하셨죠. 미국 연구소에 있을 때 겨우 하루밖에 한국인을 만나지 못했던 저는 한국 사람들을 만나 식물 이야기를 실컷 할 생각에 그저 들떠 있었습니다. 그렇게 무작정 첫 번째 식물상담소를 열었습니다.

식물상담소를 열고 여러 사람과 만나며 즐거웠지만 아쉬움은 여전히 남아 있었습니다. 이웃을 만날 일이 없었거든요. 저희 집 근처에는 산이 많고 개천이 흘러 자주 곳곳을 산책하며 식물을 관찰합니다. 한번은 개천 옆에서 다닥냉이를 관찰하고 있을 때, 산책하던 어떤 사람이 다가와 식물 이름을 물어오기에 이름을 알려주었습니다. 이름을 알려준 것뿐인데 진심으로 감사해했던 그 사람이 종종 생각났지요. 지금껏 여러 곳에서 식물과 관련된 전시와 강연을 열었지만 한 번도 제가 사는 동네는 아니어서 우연히 만난 이웃의 질문이 반가웠거든요.

그러다 운이 좋게도 제가 사는 지역의 한 갤러리에서 제안을 받아 「이웃집 식물학자의 초대, 봄꽃봄」이라는 전시를 열었고 식물상담소도 열었습니다. 동네를 걸으며 기억해 둔 식물들과 차곡차곡 쌓아놓았던 생각을 전시에 담을 수 있었죠. 처음 계획했던 진정한 '이웃집 식물학자'가 될 수 있어 좋았습니다.

그렇게 우연히 시작한 식물상담소를 2021년까지 열었습니다. 대부분 '아트스페이스 보안' 2층 '보안책방'에서 한 달에 한 번 정도 무료로 진행했고, 전시나 강연이 있으면 그곳에서 상담소를 열기도 했지요. 1시부터 5시까지, 한 사람과 길게는 1시간 동안 상담했습니다.

식물상담소를 잘 모르는 사람들은 식물에 대해 무슨 상담을 그리 오래 하는지 궁금해했는데요. 식물에 대한 지식뿐만 아니라 식물과 관련된 무엇이든 이야기를 나누는 자리였습니다. 1시간이나 이야기를 나누다 보면 꽤 친해지게 되어 인생 이야기, 사는 이야기, 별것 아닌 농담 등 예상 못 한 방향으로 대화는 흘러가곤 했습니다. 우리들은 흐르는 대화 속에 지식을 나누었고 고민에 대한 대답을 찾아나가고는 했습니다. 상담자는 식물에 대해 알게 되었고, 저는 다양한 상담자를 통해 인생 수업을 받은 것만 같습니다.

가끔 예약을 받지 않은 날이면, 식물과 전혀 관련이 없고 관심도 없는 사람이 지나가다 우연히 앉기도 했습니다. 대화를 나누면서 서로 놀라워하고 감동할 때마다 상담자와 저 둘만 알고 사라져버리기에는 우리들의 이야기가 너무 아까웠습니다. 그래서 책을 내면 좋겠다고 생각했고 출판사와 계획을 세웠습니다. 상담자에게 동의를 구해 대화를 녹음하고 만약 상담자의 이야기가 책에 담기면 책을 보내드리기로 약속했죠.

식물상담소에서 나누었던 대화를 출판사의 도움으로

모두 글로 옮겼더니 A4용지로 590쪽이나 되었습니다. 그 내용이 그대로 책으로 나왔다면 아마 백과사전 분량의 두꺼운 책이 되었을 겁니다. 비슷한 질문과 답변을 정리하고 현장에서 미처 이야기하지 못한 답변도 추가해 책에 담았습니다. 사실 저는 모든 이야기와 현장의 분위기가 소중해서 그대로 빠짐없이 책에 담고 싶었으나 그러지 못한 아쉬움이 있습니다.

대화하는 시간 말고도 제가 준비해 간 식물을 함께 관찰하는 시간도 가졌는데 그런 부분은 책에 담기 어려워 그 또한 아쉬움이 있습니다. 식물의 신비한 형태를 알게 되어 기뻐하며 돌아간 상담자와 저만의 추억으로 간직해야겠네요. 상담소에는 어디로 튈지 모르는 어린이 상담자도 여럿 있었습니다. 식물 이야기가 아니라서 빠졌으나 함께 온 부모님과 웃음이 터질 때가 많았습니다. 그 또한 좋은 추억입니다.

이 책에 앞서 출판한 『식물학자의 노트』는 과학책입니다. 저는 글을 쓸 때 '아무도 상처받지 않는 글쓰기'를 목표로 합니다. 그에 맞는 가장 좋은 글은 과학 논문이라고 생각했었죠. 실험과 이론으로 객관적 사실만을 담는 글이기 때문입니다. 그런 이유로 『식물학자의 노트』 원고를 처음 쓸 때도 과학적 내용만 쓰길 원해서 담당자분과 조금 옥신각신했었습니다. 왜냐하면 그분은 각 식물학적 내용 끝에 교훈이나 생각해볼 점으로 마무리하길 권유하셨는데 저는 최대한 제 개인적인 생각이 들어가지 않길 바랐기 때문입니다. 결과적으로는 그런 마무리가 좋았다고 하신 독자들이 많았죠.

그럼에도 불구하고 여전히 저의 경험이나 생각을 담는 글쓰기는 부담스러웠습니다. 그전에 제가 쓰던 글은 과학 보고서와 논문이 대부분이었고, 제가 글을 쓰는 작가가 아니라고 확실히 선을 긋고 있어서 더욱 그랬습니다. 그러나 이번 책에서는 그럴 수가 없었지요. 과학적 내용이 아닌 경우 상담자에게 할 수 있는 대답은 대부분 저의 생각과 경험이었기 때문입니다.

저는 제가 인생의 고민에 대해 좋은 답변을 할 수 있는 나이는 아니라고 생각합니다. 게다가 전문 작가가 아니어서 미흡한 표현으로 혹여나 누군가 상처를 받으면 어쩌나 걱정이 되기도 합니다. 이번 책을 쓰며 늘 신경을 쓰고 고민한 부분입니다. 독자분께서 따뜻하고 너그럽게 보아주셨으면 좋겠습니다.

조금은 허무맹랑한 제 아이디어로 시작된 식물상담소가 이렇게 책으로 나오게 되어 감격스럽습니다. 오랜 시간 저의 고민과 고집을 다잡아 책의 모양을 갖추게 도와주신 봉선미 편집자님께 감사드립니다. 그리고 전시는 물론 식물상담소를 허락해주시고 무료로 멋진 장소를 제공해주신 아트스페이스 보안 최성우 대표님께도 감사드립니다. 보안책방 강영희 선생님, 다리를 놓아주신 박승연 큐레이터님을 포함한 보안 식구들도 고맙습니다. 이 책은 식물상담소를 찾아와주신 상담자가 없었다면 나올 수 없었던 책입니다. 책에 미처 담지 못한 이야기를 들려주신 상담자, 책을 준비하기 전 방문했던 상담자를 포함해 식물상담소에서 만난 모든 분께 감사드립니다.

차례

1부

 우리 곁의 초록에서 발견하는
눈부신 기쁨

2부   마음이 추울 때 가고 싶은 곳

3부   내일을 준비하는 식물이 가르쳐준 것들

4부

소중한 순간을 지켜주는 이야기

우리들의 따뜻한 식물상담소 이야기

1부

우리 곁의
초록에서 발견하는
눈부신 기쁨

나의 반려식물은
어디에서 왔을까?

　　식물과 관련된 재미있는 경험이나 철학
적인 관점 등 다양한 주제로 대화하고 싶어 식물상담소를
열었다. 그런데 이름이 '식물상담소'이다 보니 식물을 키
우거나 식물학적 지식이 있어야만 이야기를 나눌 수 있다
고 오해받기도 했다.

　예약을 받지 않고 상담소를 열었을 때는 무료라며 호
객행위를 해도 식물을 키우지 않는다고 마주 앉기를 주저
하시는 분도 있었다. 한 시간 정도 긴 이야기를 나누다 보
니 자연스레 다양한 주제로 대화할 수 있었지만 그래도

역시 '식물상담소'라는 이름 때문에 어떻게 하면 식물을
잘 키울 수 있느냐는 질문을 많이 받았다.

상담자: 저는 식물을 좋아하는데 그런 것치고는 잘 못 키
우는 것 같아요. 제가 알고 있는 게 너무 없어서 자꾸
식물을 죽이고 있는 게 아닌가 하는 생각이 들어요.

선생님: 어떤 식물을 키우시나요? 베란다에서 키우시나
요?

상담자: 사진을 좀 보여드릴게요. 예전엔 잘 자랐는데 지
금은 식물들 상태가 많이 안 좋아졌어요. 작은 다육이
(다육식물)도 많았는데 다 죽었어요. 이 선인장을 그나
마 오래 키우기는 했는데 왜 우리 집 선인장은 얇고 길
게만 자라는지 모르겠어요. 아직 살아 있기는 하지만
상태가 안 좋아요.

선생님: 사진을 보니 꽃집에서 쉽게 만날 수 있는 식물들
을 키우고 계시네요. 그런데……. 혹시 이 식물들의 정
확한 이름을 아세요? 꽃집이나 농원에서 붙인 '사랑초',
'해피트리', '금전수', '물방울페페' 같은 부정확한 이름
말고 학술적으로 정확한 종의 이름인 학명이요. 그리고

이 종이 원래 어디에서 살고, 그곳은 어떤 환경인지 찾아보셨나요?

꽃집이나 꽃시장에서 판매하는 화분 중에는 의외로 한국 자생식물이 거의 없다. 많은 식물이 열대나 사막처럼 무더운 지역 출신이다. 따뜻한 베란다에서 1년 내내 키우기에 적당한 식물이기 때문이다. 이런 식물 중에 잎이 예뻐 잎을 감상하는 식물을 관엽식물이라고도 부른다. 사실 관엽식물은 과학적 용어가 아니다. 그 기준이 모호하기 때문이다.

대표적으로 몬스테라 *Monstera deliciosa*, 벤자민고무나무 *Ficus benjamina*, 산세베리아 *Sansevieria trifasciata*를 보면 모두 열대식물이며 각각 멕시코, 인도, 아프리카에 사는 식물이다. 몬스테라, 벤자민고무나무, 산세베리아의 꽃과 열매를 본 사람은 얼마나 될까? 관엽식물을 키우는 이들에게 꽃이나 열매를 본 적이 있냐고 물어본다. 그러면 본 적이 없다거나, 놀라며 자신이 오랫동안 키운 식물이 꽃이 피는 식물이냐고 되묻기도 한다.

포자로 번식하는 고사리와 이끼류가 아니라면 당연히 키우고 있는 식물은 꽃을 피우고 열매를 맺을 수 있다. 몬스테라와 벤자민고무나무는 열대우림에서 20미터 넘게 거대하게 자란다. 몬스테라의 열매는 바나나와 파인애플을 섞은 맛이 나고 옥수수처럼 생겼다. 나는 한번 몬스테라의 열매를 먹어본 적이 있는데 그 맛을 잊을 수가 없다. 무화과나무속^{Ficus}에 속하는 벤자민고무나무는 작은 무화과 같은 열매를 맺는다. 산세베리아의 섬세한 흰 꽃을 아는 사람이라면 그 심심한 잎 모양에 그리 환호하진 않을 것이다.

나는 베란다에 식물을 키우지 않는다. 식물을 연구한다고 말하면 사람들은 내가 식물을 많이 키울 것이라 기대하지만 우리 집에는 식물이 없다. 관찰하기 위해 들이거나 선물로 받아 잠시 집에 머무는 경우는 있지만 되도록 키우지 않으려고 한다. 학생 때 법정 스님의 『무소유』에 나온 난초 이야기를 읽은 이후로 감명받아 식물을 키우지 말아야겠다고 생각했다. 난초를 키우면서 난초에 몸과 마음이 얽매였다는 이야기였다.

소유란 무엇인가에 대한 고민으로 식물을 키우지 않다가 캄보디아 식물채집을 다녀오곤 이 생각은 더욱 공고해졌다. 대학원생 때 열대우림에서 자라는 난초를 채집하러 캄보디아에 간 적이 있다. 늘 화분으로만 보던 서양란을 자생지인 캄보디아 열대우림에서 맞닥뜨린 것이다. 그런데 참 바보 같게도 내가 처음 든 생각은 '아니! 누가 화분을 여기 심었나?'였다. 나는 한국 꽃집에서 판매하는 화분에서 그 난초를 처음 보았고, 난초가 원래 고향에서 고고하고 멋지게 자라는 모습이 오히려 어색하게 느껴졌기 때문이다.

한국에서 서양란으로 판매되는 난초는 사실 대부분 서양에서 온 난초가 아니다. 한국에 자생하는 온대지역 난초에 비해 크고 화려해서 서양란이라 불릴 뿐 대개 중국 남부지역이나 동남아가 원산지인 열대 난초다.

그 후로, 우리나라에 들어와 화분에서 자라고 있는 외국 식물을 볼 때면 마음이 아프다. 서식처에서 멋지게 자라는 모습이 자꾸만 떠오른다. 원래 고향의 따뜻한 환경 아래였다면 커다랗게 자랐을 텐데, 화분에서 성장이 지연된 채 지내는 모습도 슬프다.

식물상담소를 하면서 '베란다에서 키우는 식물이 예전만큼 잘 자라지 않는다'는 상담을 자주 받는다. 그럴 때마다 나는 예전에도 잘 자라고 있었던 건 아니라고 말한다. 그저 성장이 지연되어 적당히 자라고 있었던 것이라고. 원래 강한 햇빛과 높은 기온 속에서 거대하게 자랄 수 있는 식물이 부족한 햇빛과 미지근한 온도에서 더디게 자라고 있는 것이며 적합한 환경이 아니어서 꽃도 열매도 갖지 못하는 상황이라고 말이다. 관엽식물이라는 용어는 그저 예쁘게 포장된 용어인지도 모른다.

자신이 키우고 있는 식물에 대한 근본적인 지식이 없으면 슬픈 일이 자주 발생한다. 예를 들면, 막 개업한 가게에 지인들이 축하 선물로 화분을 보낸다. 주인장이 가게를 운영하며 정신없이 바쁘다 보면 가게 한구석에 있던 식물은 시들시들해진다. 어느 날 주인은 시든 식물을 발견하고 걱정이 되어 그 식물을 가게 앞에 내놓는다. 햇빛을 받지 못하는 실내에 둔 것이 문제라 생각한 탓이다. 그러다 겨울이 오면 이 열대식물은 겨울을 나지 못 한 채 얼어 죽게 되고 화려한 축하 리본만 남는 것이다.

이런 상황도 있다. 아파트 단지를 걷다 보면 더 이상 돌보지 못해서, 혹은 그 식물을 너무 사랑한 나머지 자연 속에 심어주고 싶은 마음에 화분에 있던 식물을 바깥에 심어놓은 경우다. 열대식물은 아마 가을까지 버티다 겨울에 모두 얼어 죽을 것이다. 최근에도 나는 고무나무 *Ficus elastica* 와 스튜키 *Sansevieria stuckyi*, 홍콩야자 *Schefflera arboricola* 가 아파트 단지 화단에 곱게 심겨 있는 모습을 보았다. 그럴 땐 사진을 찍어둔다. 곧 다가올 겨울에 죽을 식물을 애도하면서.

화분에 담겨 성장이 지연된 채 지내는 열대식물을 보며 우리가 살아가는 일도 마찬가지가 아닐까 생각하게 된

다. 자신에게 맞는 자리에서 크고 멋지게 자라는 열대식
물처럼 우리도 각자에게 맞는 자리에서 비로소 멋진 열매
를 맺고 꽃을 피울 수 있는 것 아닐까?

자신이 키우고 있는 식물을 사랑한다고 말하는 사람들
에게 항상 물어보고 싶다.

"그 식물의 꽃과 열매를 본 적 있나요?"

"그 식물의 진짜 이름과 고향을 아세요?"

대흥란 *Cymbidium macrorhizon*

세상이 나를
버렸다 생각했어요

"조경을 전공했는데 지금은 아이들 키우
느라 일을 하고 있지는 않아요."

상담 예약이 가득 찼던 토요일 오후, 마지막 상담자가
자리에 앉았다. 단정하게 차려입은 옷과 예쁘게 다듬은
머리 스타일만으로도 반갑고 들뜬 마음이 전해졌다.

조경학을 전공했다는 상담자는 박사 입학시험에 합격
해 공부를 다시 시작한다고 했다. 정원 디자인과 관련된
새로운 아이디어도 이야기하고, 식물분류학이나 식물생
태학 분야, 식물 그림을 그리거나 식물도감을 고르는 방

법에 대해서 열정적으로 물어왔다.

학생으로 보기에는 나이가 좀 있어 보였고 자녀도 있는 것 같았다. 상담자는 조심스럽게 자신의 이야기를 계속 이어갔다.

상담자: 지금은 건강상의 이유로 휴학 중이에요. 제가 작년에 유방암 진단을 받았거든요.

선생님: 아, 지금은 아주 건강하신 거예요?

상담자: 이제 많이 좋아졌어요. 머리도 이렇게 다시 나고요.

선생님: 엄청 힘드셨을 것 같아요.

상담자: 작년 여름에는 '세상이 나를 버렸구나.' 이런 마음이었거든요? 근데 최악의 순간에 이 상황을 다른 관점에서 보니까 신기하게도 생각을 완전히 바꾸게 되었어요. 내가 다른 암이 아니라 유방암이어서 참 다행이고, 전이되기 전에 발견해서 다행이고, 치료를 할 수 있는 젊고 건강한 몸이어서 다행이라고요. 처음 몇 달은 정말 힘들었어요. 저도 힘들고, 가족들까지 다 힘들게 했었거든요. 남편한테도 "너 때문에 내가 암에 걸렸

어!"라고, "너를 만나서 내가!" 이런 말까지도 했어요.
(웃음)

선생님: 진심도 있으신 것 같은데요? (웃음)

상담자: 그 시간이 지나고 건강이 점점 회복되니까, '아, 한번 쉬어 가라는 의미인가? 이렇게 힘들게 살지 않아도 되지 않나?'라는 생각이 들더라고요. 그래서 올 한 해는 제가 하고 싶은 걸 정말 많이 했어요. 잃은 건 한쪽 가슴인데 얻은 건 더 많아요.

상담자는 병을 앓고 자신을 돌아본 이후 아내로, 어머니로 집안을 돌봐야 한다는 부담감을 많이 내려놓았다. 제주도에 혼자 여행도 가고 여유 있게 주변 산책도 하며 하고 싶은 일을 했다. 그런 경험 속에서 새로운 사람을 만나게 되고, 또 힘을 얻으며 어쩌면 지금 아픈 게 그리 나쁜 것만은 아닐지도 모른다는 생각까지 하게 되었다. 도움을 주는 주변 사람들로 인해 심리적으로도 안정되었다. 남편과 사이도 더 좋아졌다.

처음 병을 알게 되었을 때 아는 어르신이 전화를 걸어와 '예전에 나도 아팠지만 어떻게 보면 그럴 나이가 된 것 아니겠냐'며 '이제 너의 몸을 돌보라는 신호로 받아들이라'고 하셨단다. 그런 응원들로 버텼다. 버티다 보니 시간이 훌쩍 지나 있었다. 그때는 당장 죽을 것처럼 여겨져 '이제 죽는구나!' 했는데, 어느새 1년이 넘어갔고 이제는 '내년에 뭐 하지?' 하는 고민을 하고 있다고 했다.

죽을 수도 있다고 생각하니 하루하루가 너무 대단했다. 예전엔 아침에 눈 뜨고 저녁에 눈 감는 일이 힘든 날도 숱했고, 계절이 흘러 봄이 오고, 여름이 오고, 겨울이 와도 변화를 느끼기는커녕 지긋지긋했는데 이제는 다 소중하게 여겨지더라는 것이다. 그러면서 안도 반, 아쉬움 반으로 이 나이가 되어 이제야 인생의 다른 이야기를 알겠다고 했다.

상담자의 이야기를 들으며 오래전 오래도록 병원 신세를 져야 했던 시간이 생각났다. 나도 조심스럽게 나의 이야기를 들려주었다.

내가 열한 살, 오빠는 열세 살이었던 해에 우리는 오랜 시간 병원 신세를 졌다. 어렸지만 내 인생을 결정지은 큰 사건 중 하나였던 만큼 지금도 생생한 기억이다. 너무 아팠고 병원 생활은 아주 지루하고 무서웠다.

입원했던 병원은 국내에서 큰 병원 중 하나였다. 아마도 그 병원은 살구나무 과수원 부지 위에 지어진 것 같았다. 왜냐하면 병실에 누워 창밖을 바라보면 오래된 살구나무가 꽤 있었기 때문이다.

나는 자주 살구나무가 있는 곳에 가서 아직 덜 익은 초록색 풋살구를 따다가 냉장고에 넣어두고 채 익지도 않은 시큼한 살구를 잘라보거나 조금씩 맛보았다. 이 살구가 잘 익을 때쯤이면 퇴원을 할 수 있을까 기대하면서 말이다. 삶과 죽음의 문턱에서 생각하고 고민하게 된 것이 많았다. 어린 나이였지만 살아 있다는 것, 죽는다는 것은 무엇인지 지루한 병실에 누워 오래도록 생각하곤 했다.

퇴원 후 오랜만에 학교에서 만난 친구들이 새삼 신기하게 여겨졌다. 친구들은 개구리나 개미를 잡아서 가지고 놀았고 그 작은 동물은 죽기도 했다. 나는 그 모습을 보며 우리 인간도 그 작은 동물과 별로 다를 게 없다고 여겨졌다. 언제 어디서든 병에 걸리거나 사고로 죽을 수 있고, 불행이 닥칠 수 있다는 걸 생각하게 되었다. 나는 절대로 예외일 수 없다는 생각을 많이 했는데, 그에 반해 친구들은 아예 관심이 없거나 자신만큼은 예외일 것이라 믿는 것 같았다.

대수술을 받아서인지 수술 이후로도 잔병치레가 많았고 항상 몸이 약했다. 덕분에 죽음이 곁에 있다는 생각은 떠나지 않았고 좋아하는 걸 선택하는 데 주저함이 없는 가치관을 가지게 된 것 같다. 나쁜 걸 빨리 버리는 것도,

하고 싶은 걸 열심히 하되 계획대로 되지 않는 변수가 바로 곁에 있다는 것도 알았다. 죽음도 말이다.

죽음을 생각하면 무언가를 결정할 때 좀 더 선명했다. 집에 물건을 적게 두는 것, 부끄러운 걸 남겨두지 않는 것, 죽고 나서의 정리, 죽을 때까지 할 수 있는 일의 양도 꼼꼼히 생각하게 되었다. 생물은 태어나면 모두 죽게 되어 있으니까.

병이 내게 준 또 다른 중요한 가르침은 평온한 일을 하며 살고 싶다는 것이다. 살구나무의 살구를 관찰하는 그런 평화로운 직업을 가져야겠다 다짐했다. 오빠는 나와 다른 다짐을 한 것 같지만 말이다.

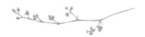

선생님: 수술을 받고 중환자실에 한동안 있었어요. 너무 아프니까 이대로 죽었으면 좋겠다는 생각이 들더라고요. 열한 살밖에 안 되었는데도요. 내가 죽은 건지 살아 있는 건지도 잘 모르겠고요. 그런 상황에서는 부모님한테도 관심이 없어지더라고요. 울거나 보채거나 하는 것이 별 소용없는 일이란 걸 아는 거죠. 그럴 기력도 없고요.

상담자: 너무 힘들었겠어요.

선생님: 그때는 고통스러웠지만, 지금 생각해보면 만약 그때 아프지 않았으면 저는 별로 열심히 살지 않았을지도 모르겠어요. 서른 안에 죽는다는 생각을 안 가지고 있었으면 그냥저냥 모든 게 저절로 주어진 것처럼 느끼거나, 내 일에 대한 사명감 같은 것도 적었을 것 같아요.

상담자: 죽기 전에 그림을 몇 장까지 그릴 수 있을지 생각하신다는 것도 그 때문이시겠네요.

선생님: 그런 것을 항상 생각하고 있어요. 그래서 아까 말씀하신 것처럼 아팠던 게 제 인생에도 분명 도움이 됐다고 생각해요.

상담자: 저도 생각해보니까 지금껏 살면서 이렇게 죽을 수도 있다는 생각을 한 번도 해보지 않고 살았더라고요.

선생님: 아마 많은 분이 그렇겠죠?

"작년 여름에는 '세상이 나를 버렸구나' 하는 마음이었어요.
그런데 이 상황을 다른 관점에서 보니까
신기하게도 생각을 완전히 바꾸게 되었어요."

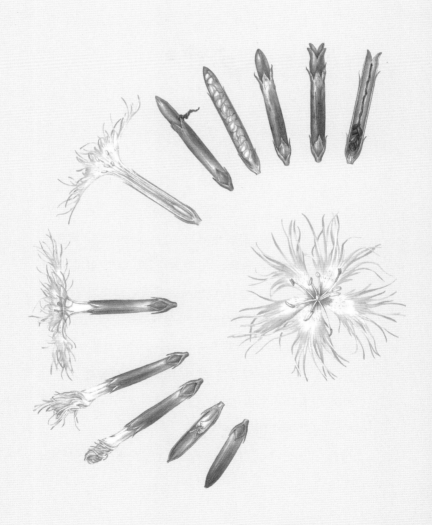

술패랭이꽃 *Dianthus longicalyx*

잡초의 역할에 대해
생각해본 적 있나요?

식물상담소에서 나눈 이야기를 책으로 내면 재미있겠다는 생각이 처음 든 것은 나노 입자를 연구하는 어느 과학자를 만나면서였다. 그 과학자를 만난 날은 식물과 관련된 미술전시의 연계프로그램으로 식물상담소를 열었을 때였다. 누구나 와서 이야기를 나눌 수 있는 식물상담소를 열고자 했지만 그래도 식물과 관련된 전시와 연계되어 있다 보니 식물을 좋아하거나 미술을 좋아하는 관람객이 대부분이었다.

상담소가 끝날 때쯤 머뭇거리며 한 사람이 들어왔다.

그 사람은 자신을 나노 입자 연구자라 소개했다. 이 과학자는 그냥 그 동네에 사는 사람이었는데 아무것도 모르고 지나다가 불쑥 들어온 것이다. 그러고는 입자들의 연속, 불연속성에 관해 이야기했다.

우리가 인식하는 물질들이 연속적으로 생성되는 것 같지만, 한편으론 불연속적으로 불현듯 등장해서 놀랍다는 것이다. 몇 개의 원자가 모이다가 어느 순간 어떤 분자가 된다는 예를 들며 식물의 세포도 하나씩 모여 어느 순간 우리가 꽃잎, 수술, 암술 등으로 인식하게 되는데 그것에 대해서 어떻게 생각하느냐는 것이다. 나는 속으로 생각했다.

'아니, 그런 어려운 질문을 주시면 어쩌죠?'

생각의 폭을 넓혀주는 반짝반짝한 질문이 감사하고 흥미로워서 책을 써야겠다고 생각했다. 식물상담소를 찾아온 아래의 상담자도 그런 고마운 분 중 하나다.

상담자: 선생님, 잡초에게도 역할이 있을까요?
선생님: 잡초에게 역할을 묻는 건 너무 슬픈 일 아닌가요?

상담자: 길거리를 가다 보면 바랭이 같은 잡초들이 많잖아요. 걔들은 왜 거기서 필까요?

선생님: 우리가 지구에 태어났듯 잡초도 그냥 존재하는 거 아닐까요? 우리 인간이 호모 사피엔스 *Homo sapiens*라는 한 종이듯 바랭이도 바랭이라는 한 종이에요. 바랭이랑 인간이랑 동급인 거죠. 그래서 '바랭이 너는 무슨 역할을 하니?' 이렇게 묻는 게 되레 이상한 일 아닐까요? 인간이 지구의 주인처럼 생각될 수도 있지만, 바랭이 입장에서는 "나도 동등한 한 종이고 지구의 주인이라 생각하는데, 그럼 인간 너의 역할은 뭐니?" 이렇게 물을 수도 있겠죠. 우리가 너무 인간 중심적으로 생각하는 건 아닐까요?

상담자: 숲에 있는 식물들은 이해가 돼요. 왜냐하면 저 공간이 그들만의 공간이니까요. 근데 잡초는 우리 생활 주변에서 골목 같은 곳에 막 자라나잖아요. 그걸 볼 때마다 저는 '이게 무슨 역할을 하는 건가? 거기에도 뭔가 생태계가 있지 않을까? 그 안에 뭔가 있나?' 하는 생각이 들어요.

'잡초에게도 역할이 있을까요?'라는 질문을 처음 들었을 때는 여태껏 한 번도 생각해본 적이 없는 질문이라 당황했지만, 곧바로 너무 슬픈 질문이라는 생각이 들었다. 상담자는 잡초의 생태학적 위치나 도시에 미치는 영향 등을 물어보고자 던진 질문일 수도 있지만 내게는 '잡초에게도 역할이 있을까?'라는 질문 자체에 생각할 거리가 많아 흥미로웠다.

잡초는 식물분류학적 용어가 아니다. 잡초의 사전적 의미를 찾아보면 가꾸지 않아도 저절로 나서 자라는 여러 가지 풀을 뜻하며 때와 장소에 적절하지 않은 식물을 말한다. 농장, 정원, 공원과 같이 인간이 통제하는 환경에서 인간이 원하지 않는데 자라나 인간에게 해를 입히는 식물이다. 예를 들어 서양민들레 샐러드를 만들기 위해 서양민들레를 키우면 잡초가 아니지만, 복숭아 과수원에 심지도 않은 서양민들레가 침입해 살고 있다면 그때는 잡초다. 그래서 잡초라는 용어는 식물을 이용 가치에 따라 나눈 인간 중심적인 용어다.

잡초는 기회가 생기면 빠르고 광범위하게 번식하고 낯선 곳을 장악하거나 교란된 생태계에 성공적으로 적응한다. 한번 자리를 잡으면 근절하기 쉽지 않은 강한 생명력을 가진다. 이런 끈질긴 생존 능력과 해롭거나 하찮은 존재라는 부정적 의미 때문에 잡초는 경멸적 용어로도 사용된다. 그러나 미국의 시인이자 사상가 랠프 월도 에머

슨 Ralph Waldo Emerson 은 잡초를 '그 가치가 아직 발견되지 않은 식물들'이라고 했다. 실제 여러 농작물, 약용 식물, 정원 식물이 예전에는 잡초로 취급되었다.

지구에 수많은 식물이 인간보다 먼저 탄생했다. 도시가 있는 자리에는 식물이 먼저 있었을 것이다. 가끔 인간이 만든 크고 작은 구조물들로 가득 찬 도시를 걷다 보면 온통 쓰레기라는 생각을 한다. 집 안에 앉아 주변을 둘러봐도 그렇다. 지구에 자연적으로 탄생하지 않은 소재를 보면, 네모나고 동그란, 자연스럽지 않은 형태를 인식하면 가끔 미래가 암담하다. 언젠가 우리 인간이 모두 사라지면 자연과 융화되지 못하는 저 거대한 쓰레기들은 어떡하나 싶다. 그런 눈으로 보면 도시의 골목을 비집고 자리 잡은 잡초들이 정상일지도 모른다.

식물원 온실에서 일하고 있다는 어떤 상담자는 자신이 파괴자가 되는 것 같다고 얘기한 적이 있다. 관람객에게 온실이 단정하게 보이도록 잡초 제거를 수시로 하다 보면 그런 기분을 지울 수 없다고 했다. 식물원 온실은 식물이 잘 자라도록 영양분을 풍족하게 제공하고, 온도와 습도 등 생육 환경도 좋으니 덩달아 잡초도 아주 잘 자란다. 자연스레 다수의 식물 종이 자랄 수 있는 환경에서 일부 식물만 두고 잡초라 규정되는 많은 식물을 계속 죽이다 보니 파괴자가 된 것 같다는 것이다. 잡초라고 뭉뚱그려 부르지만 각각의 이름을 가진 다양한 종을 죽이게 되니 그런 마음이 드는 건 자연스러운 일일지 모른다.

"잡초의 역할이 있을까요?"라는 질문에 담긴 잡초의 개념과 잡초에게 역할을 묻는 태도까지도 인간 중심적이다. 식물상담소에서 이 질문을 접한 이후로 나는 사람들이 식물과 관련해 쉽게 간과하는 인간 중심적인 용어나 태도에 관심이 갔다. 전시나 강연에서도 확장된 생각을 이어나갔다.

최근 전시를 마친 2021 덕수궁 「상상의 정원」 그룹 전시에서 「면면상처面面相覷: 식물학자의 시선」이라는 전시로 참여했을 때도 잡초에 관한 생각과 태도를 전시장 한편에 다뤄보고 싶었다. 문헌 조사를 하면서 덕수궁에 식재된 식물과 달리 잡초에 대해 조사된 적이 없는 점이 흥미로워서 반년 동안 덕수궁의 모든 식물을 조사했다. 그러면서 덕수궁 구석구석에 어떤 식물이 어떤 모습으로 있는지, 반년 동안 얼마만큼 자라는지 알게 되었다. 그 과정에서 알게 된 덕수궁 식물들의 위치와 이름을 표시해 덕수궁식물지도를 만들어 관람객들에게 나눠드리기도 했다.

전시장 한편에 덕수궁에서 채집한 잡초의 씨앗을 전

시하면서 미국 작가인 데이비드 쿼먼 David Quammen 이 쓴 「Planet of Weeds」라는 글의 한 구절을 인용했다. 데이비드 쿼먼은 지구상에서 지리적으로 널리 퍼져 있고, 번식률이 높으며, 자원을 확보하고 독점하는 데 능숙한, 멸종시키기 어려운 잡초 같은 존재가 인간이라고 이야기했다. 지구에서 다른 생물이 우리 인간을 바라본다면 아마도 경멸스러운 용어로 사용되는 잡초가 우리에게 딱 맞는 표현일 것이다.

종종 식물 그림의 역사에 대해 강의한다. 고대 그리스 시대부터 식물 종을 기록하기 위해 제작된 그림과 화가의 삶을 살펴보는 강의다. 시대별 식물 그림을 보다 보면 식물에 대한 인간의 인식 변화가 재미있다. 자주 언급하는 것이 맨드레이크, 혹은 만드라고라라 불리는 만드라고라 오피시나룸 Mandragora officinarum 그림이다. 맨드레이크의 시대별 그림 변화를 보면 식물에 대한 인식이 인간 중심적 선입견에서 서서히 식물 그 자체를 과학적으로 이해하는 방향으로 옮겨가는 것을 알 수 있다.

맨드레이크는 그 식물이 가진 화학적 성분 때문인지 서양 전설에서 종교나 마법적인 용도로 자주 등장한다. 맨드레이크는 그 뿌리가 사람처럼 생겼는데 식물을 뽑으면 사람 모양의 뿌리가 소리를 질러 뽑은 사람을 죽인다는 전설로 유명하다.

재미있는 것은 그리스 시대의 과학자라고 볼 수 있는 의사가 그린 그림을 보면 맨드레이크의 뿌리가 사람 모양으로 그려져 있다. 그 이후에도 시대별로 꽤 오랫동안 사람 모양 뿌리를 가진 맨드레이크가 등장하고 1600년대의 식물학자가 그린 그림까지도 그 전설을 벗어나지 못했다. 그러나 맨드레이크를 향한 인간 중심적 선입견을 거두면 실제 맨드레이크는 그저 예쁜 연보라색 꽃이 피고 뿌리가 두툼한 평범한 식물일 뿐이다.

우리가 인간 중심적인 선입견 없이 과학의 눈으로 식물을 바라보기 시작한 것은 얼마 되지 않았다. 생각해보면 생물 분류학의 기초를 마련한 스웨덴 식물학자 칼 폰 린네Carl von Linné는 1700년대 사람이고, 진화론에 기여한 찰스 다윈Charles Robert Darwin은 1800년대 사람이다.

식물을 향한 그리 길지 않은 과학의 역사 속에 식물에 대해 굳어진 선입견은 여전히 많을 것이다. 인간이 식물을 온전히 이해하는 일이 가능할까? 어쩌면 우리가 식물이 되어보지 않는 이상 이해하기는 영영 힘들지도 모르겠다.

우리 지옥에서 만나요

　　　실험실에서는 생물을 실험용으로 죽이게
된다. 그래서 연구자는 실험 전에 생명 존중에 관한 윤리
교육을 받는다. 특히나 신경계를 가진 동물처럼 아픔을
느끼는 생물을 다루는 연구자는 좀 더 강한 윤리 교육을
받고, 최소한의 고통으로 생물을 죽이는 실험 방법을 배
운다.

　실험실에 들어온 지 얼마 되지 않은 학생은 막연히 우
리 인간과 가까운 영장류가 좀 더 고귀한 대접을 받아야
한다고 생각하기도 한다. 진화적으로 원시 종이거나 우리

인간과 가깝지 않은 생물일수록 죄책감을 덜 느껴도 된다고 여기는 것이다. 그러나 오랫동안 실험을 한 연구자들은 윤리 교육을 들으면 들을수록 이런 생각이 든다.

'고통의 기준을 꼭 신경계에 두어야 할까?'

'고통이 없다 해도 다른 관점에서 아플 수 있잖아?'

'결국 죽이는 건 똑같은데…….'

'생명을 죽이는데 죄책감의 강도가 달라도 될까?'

식물분류학자가 식물 채집을 가면 하루에 많을 때는 몇백 개의 식물을 채집해 표본을 만드는데, 사실 식물을 죽이는 일이다. 나무의 경우는 가지를 자르니 본체가 죽진 않지만, 풀은 뿌리까지 뽑아 표본을 만들어야 하니 완전히 죽이게 된다. 또 나무는 가지만 잘랐으니 죽지는 않는다고 마냥 마음이 편한 것도 아니다.

한번은 여러 생물 분류군을 연구하는 학자들이 모여서 이야기를 나누는데 한 분이 나에게 이런 질문을 했다.

"그래도 식물을 죽이는 건 마음이 좀 괜찮지 않나요?"

이 주제에 대해 연구자들과 대화를 나눌 때면 나는 "우린 다 지옥에 갈 거예요."라고 답한다. 그러면 곧 다른 의견과 질문들로 토론이 이어진다. 식물은 뇌가 없다, 아프진 않다, 어차피 지구의 생산자라는 숙명이 있다, 가지를 꺾어 심으면 뿌리가 나는 식물도 있다, 인간도 팔이나 다리가 잘려도 살 수 있는데 식물과 다르게 보아야 할까, 우리 인간은 식물을 먹어야 생존한다 등등이다.

식물이 좋아 식물학을 선택했는데 되레 식물을 죽이게 된 고민과 죄책감이 분명 모든 식물학자에게 가볍지 않은 것 같다. 그리고 이런 고민과 죄책감은 식물학자가 아니어도 식물을 사랑하는 모든 이들이 가지고 있을 것이다. 오늘 식물상담소를 찾아온 상담자의 이야기도 그랬다.

상담자: 예전엔 동식물에 대해서 그다지 관심이 없었어요. 근데 제가 몇 년 전부터 고양이를 키우기 시작하면서 생각이 많이 바뀌었어요. 처음에는 우리 집 고양이를 염려하다가 길고양이들에 대해서 걱정하기 시작했고, 그러다 이젠 식물에 대해서 생각하기 시작했어요. 식물도 살아있다는 생각에 허투루 봐지지가 않는 거죠.

선생님: 걱정이 걱정을 낳았군요?

상담자: 우연히 몇 년 전에 어떤 책을 읽었어요. 식물이 얼마나 살고자 하는 욕망이 있는지에 대한 내용이었어요. 그 후론 식물이 살아있단 생각에 꽃을 못 사기 시작했어요.

선생님: 절화 말씀하시는 거예요? 꽃집에서 잘라서 파는 꽃이요.

상담자: 네. 제가 예전에는 꽃을 보면 되게 예뻐서 무심코 사기도 하고 그랬어요. 그런데 이제는 잘린 꽃을 못 사겠어요. 그런 꽃을 보면 제가 아픈 느낌을 받아요. 제가 방송 자막 아르바이트도 하거든요. 꽃을 수출하고 수입하는 일에 대한 방송이었어요. 아프리카라든지 남미 같은 나라에서 꽃을 재배하고 잘라 세계 여러 나라로 보낸다는 이야기였어요. 이럴 때 꽃에 얼마나 많은 방부제가 들어가는지, 그래서 가까운 데서 키운 꽃을 소비해야 한다는 이야기가 담긴 다큐멘터리였어요. 그때 처음 꽃을 잘라 파는 것에 대해서 진지하게 생각해보기 시작했어요.

절화, 그러니까 잘라서 꽃집에서 파는 꽃을 보면 식물의 전체 형태를 생각할 때 사실 슬픈 일이다. 사람들은 꽃집에서 파는 꽃만 보고 그 밑에 모습을 잘 모르는 경우가 많다. 거베라의 꽃은 기억하나 거베라의 잎과 뿌리의 형태를 아는 사람은 흔치 않을 것이다. 사실 꽃부터 뿌리 끝까지가 하나의 식물이고 살아 있는 모습인데 말이다.

예전에 어떤 아이가 절화를 보면서 나에게 "선생님 이

거는 살아 있잖아요. 이건 예쁘니까 살아 있는 건데…….”
라는 말을 하기에, 나는 무심결에 “그건 이미 죽은 거예
요. 뿌리가 잘렸으니 죽은 거죠.”라고 대답했다. 그런데
그 아이가 큰 충격을 받은 것 같았다. 아마 순수하게 꽃이
싱싱하니까 살아 있다고 생각했을 것이다. 아이가 걱정스
럽게 물었다. “그럼 얘는 어떻게 되는 거예요?” 나는 “그
꽃은 썩어서 사라지는 거예요. 이제 뿌리가 없으니까 영
영 죽은 거죠.”라고 이야기해주었다.

　나는 한 번도 잘린 꽃이 살아 있다고 생각해본 적이 없
다. 뿌리도 잎도 없이 꽃만 댕강 잘려서 팔리는 꽃은 죽은
거다. 꽃은 아름답고 사람들은 잎이나 뿌리보다 꽃에 관
심이 더 많다. 그래서 대개 사람들은 꽃이 잘렸다는 인식
보다 예쁜 꽃을 모아서 한꺼번에 볼 수 있다는 것에 기뻐
한다.
　생물은 진화를 통해 탄생하고 각자의 생태적 지위를
가진다. 그 지위에 맞춰서 살 수밖에 없다. 우리 인간은
동물이라 식물을 먹고 이용한다. 그런데 나는 잘린 꽃을
파는 것을 보면 인간의 생존에 직접적이지 않은 이 행위
가 인간의 욕심은 아닐까 종종 생각한다. 그리고 절화로
판매되는 꽃은 대부분 원예품종인데 이런 원예품종을 보

아도 비슷한 생각이 든다. 원예품종은 인간이 더 예쁘다고 느끼도록 개발해 만들어낸 식물이고 이 또한 인간의 생존에 직접적이진 않으니까.

미국 브루클린식물원에 갔을 때 인간의 욕심이 만든 잔인함에 대해 생각했다. 브루클린 식물원 한편에는 꽃이 거대하고 꽃잎도 겹겹으로 화려한 여러 종류의 원예품종 튤립이 가득 심겨 있었다. 지나가는 사람들은 발을 멈추고 사진을 찍으며 아름답다고 좋아했다. 그런데 함께 간 교수님은 "어우, 징그러." 하고 빠른 걸음으로 지나쳐 가셨다. 나도 보자마자 그런 생각을 했다. 인간이 입맛에 맞게 만들어낸 원예품종이 괴물처럼 보여서 나에게는 예쁘지 않았다. 오히려 잔인하게 느껴졌다.

엉뚱하지만 이런 상상을 해본다. 만약에 꽃과 인간의 입장을 바꾼다면 어떨까? 꽃이 인간 품종을 만들다가 "얘는 팔다리가 많은 게 예쁠 것 같아. 조작해서 팔다리를 수십 개 가득 붙여 만들어야지. 머리는 안 예쁘니까 없애버리자." 해서 만들어진 괴물 같은 인간 형태를 보며 "아, 예쁘다." 하는 조금은 과격한 상상. 드넓은 초원에 자라는 야생 튤립을 안다면 꽃이 제 머리의 무게를 견디지 못하고 쓰러지는 원예종이 기이하게 보일 것이다.

최근에 프랑스 시인 프랑시스 퐁주의 시집 『사물의 편』

에서 「동물과 식물」이라는 시를 읽었다. 동물과 식물 모두 죽으면 대지가 잔해를 흡수하는데, 식물은 동물과 달리 죽을 장소를 찾아 헤매지 않는다는 말이 인상 깊었다. 책을 읽으며 동물과 식물의 당연한 차이를 다시금 생각해 보았다.

　나도 죽을 때쯤이면 어디에서 죽을지 고민할 것이다. 내가 동물이라는 건 절대 바뀌지 않아서 동물이 생존을 위해 필수적으로 해야 하는 일을 할 수밖에 없다. 아무리 식물이 불쌍하다고 해도 나의 생존엔 식물이 필요하다. 그러나 인간 외의 동물과 인간이 분명하게 다른 것이 있다. 동물도 식물을 먹고 이용하지만 인간처럼 생존의 문제가 아닌 것을 위해 대량의 식물을 죽이거나 마음대로 DNA를 바꿔 종의 근본을 건드리지는 않는다는 사실이다.

식물을 오래 키운 사람들은 품에 안고 있다고
잘 자라는 것은 아니라는 걸 알아요.
'내려놓는 마음' 같은 것이 생기지요.

해국 *Aster spathulifolius*

사랑한다면,
사랑을 줄여보세요

　간혹 분무기로 잎에 물을 뿌려 식물에 물을 주려는 초보 식집사(식물을 키우는 사람을 일컫는 신조어)가 있다. 그런데 그건 식물이 물을 흡수하는 데 별로 도움이 되지 않는다. 비가 오지 않는 실내에서 쌓인 먼지를 제거해 광합성에 도움이 될 수는 있다. 또 나무 위에 붙어 자라며 공기 중의 수분을 사용하는 착생식물이나 습기를 좋아하는 식물 등 일부에겐 도움을 줄 수도 있다. 그러나 식물에 물을 주는 효과적인 방식은 아니다.

　분무기로 잎에 물을 뿌리면 뿌리는 사람이야 촉촉하고

상쾌한 기분이 들겠지만 식물에 정말 물을 주려면 뿌리에 줘야 한다. 물속에 살던 식물 조상은 온몸으로 물을 흡수했다. 그러나 물 밖으로 나오며 건조에 적응하도록 진화한 육상식물은 뿌리가 물을 흡수하는 기능을 담당하게 되었다. 뿌리에 물을 주어야 식물이 제대로 물을 흡수하는 것이다.

잎이 건조해 보여 분무기로 물을 뿌려준다는 상담자는 내 이야기를 듣더니 "아, 소용없는 일이었구나. 며칠 분무기로 물을 주었더니 시들하던 잎이 조금 나아진 것 같았는데 그냥 기분 탓이었나 봐요." 했다.

분무기로 잎에 물을 뿌려 식물의 갈증을 해소해주려는 건 헛된 사랑 표현이다. 구석구석 분무기로 물을 뿌리는 것보다 차라리 가끔 한 컵의 물을 흙에 부어주는 게 낫다. 자주 잎을 닦거나 어루만지는 것도 식물에겐 스트레스가 된다.

만약 식물을 정말 사랑하는 사람이 이런 종류의 부질없는 사랑 표현만 계속하고 있다면 이건 분명 짝사랑일 거다. 슬픈 결말이 기다리고 있는.

상담자: 식물을 키우기 시작한 지 얼마 안 됐어요. 최근에 '어, 나는 동물보다 식물을 더 좋아하는구나.'라는 확신이 생겨서 그때부터 식물을 사서 키웠는데 얼마 못가다 죽었어요. 엄청 많이 샀는데 결국 세 개 남았어요. 그마저도 좀비처럼 겨우 버티고 있다고 해야 할까요?

선생님: 그 식물을 샀던 꽃집에 물어보진 않으셨어요?

상담자: 열심히 키우려고 화분도 사서 옮겨 키웠는데 결국엔 다 죽더라고요. 집에서 토마토도 키워 먹고 바질도 키워서 바질페스토도 해 먹는 꿈을 가지고 시작했는데 이렇게 됐네요. 토마토도 덩그러니 겨우 서 있기만 하지, 꽃이 핀다거나 열매를 맺는다거나 하지는 않더라고요. '어, 내가 너무 못 키우나?' 이런 생각이 들고, 식물을 계속 죽이는데 키워도 되나 하는 생각도 들고요.

선생님: 식물은 대부분 사랑이 과해서 죽어요.

상담자: 동생도 "언니, 맨날 쳐다봐서 그래." 그러더라고요. 어느 날엔가는 물을 다 주고 나서 찾아봤더니 위에서 물을 주면 안 된다는 거예요. 그래서 '어!' 하는 사이에 죽고 말았어요. 상추도 키만 크다가 죽었어요.

선생님: 상추를 밖에서 키우면 꽃대가 올라와서 엄청 높이 자라기도 해요. 사람 키만큼도 자랄 수도 있어요. 그런데 베란다에서 키우니 웃자란 거예요. 햇빛이 모자라

서요.

상담자: 식물이 너무 좋은데 정작 친해지는 방법을 모르겠어요. 식물이 사람처럼 낯가리나 하는 생각까지 든다니까요? 나랑 식물이랑 안 맞나 싶고, 나는 식물을 키우면 안 되는 사람인가 싶은 거죠. 자꾸 죽는 걸 보니……. 저는 나중에 시골에 살면서 밭매는 할머니가 되고 싶다는 꿈이 있어요. 농부까지는 아니고 제가 먹을 만큼만 기르는 거죠. 이래서야, 가능할까요?

선생님: 올해 초부터 시작하셨다면서요. 얼마 되지 않았잖아요. 충분히 가능성이 있어요.

식물 중에 난초는 키우기가 어렵다고들 한다. 오래 키웠으나 처음 선물받을 때 이후로는 꽃을 본 적 없다는 사람도 많다. 지도교수님이셨던 이남숙 교수님 연구실에는 난초 화분이 여럿 있었다. 우리나라 난초 전문가답게 교수님 방의 난초들은 매년 꽃을 피웠다. 가끔 다른 교수님이 잎이 몇 장 남지 않은 죽기 직전의 난초를 부탁하기도 하셨는데 그런 난초도 교수님 방에서는 곧잘 살아났다.

그런데 교수님이 난초를 키우는 모습을 보면 그냥 방치하시는 것 같기도 하다. 수업이며, 논문이며, 학생 상담이며 매번 정신없이 바쁘셔서 난초와 큰 교류 없이 방만

같이 쓰고 있는 데면데면한 사이랄까? 그러다 '어이쿠!' 하고 갑자기 생각난 듯 물을 몰아 주셨는데, 난초 화분을 목욕하듯 큰 대야에 푹 담가 놓으시거나 물을 계속 틀어 잔뜩 주셨다. 교수님이 일주일 넘는 긴 출장을 가실 때면 우리 실험실 사람들도 난초가 물이 부족해 쪼글쪼글해질 때까지 방치하고 나서야 '어이쿠!' 하고 물을 주었다. 그렇게 '어이쿠, 미안해. 깜빡했어!' 하듯 키웠는데 난초는 매년 꽃을 잘도 피웠다.

그러나 난초를 키우는 사람들이 이 글을 읽고 이런 방식으로 키우면 안 될 것이다. 난초 전문가인 교수님은 각각의 난초가 어떤 곳에 살던 종인지, 그래서 어떤 환경을 좋아하는지 훤히 알고 있어 난초에게 맞춰준 것이다. 난초를 사랑하지 않는 게 아니다. 난초에 맞는 사랑을 준 것이다.

어릴 때 매번 산책하던 길에서 처음 만난 예쁘고 향기로운 붉은 꽃에 나는 한껏 매료되었다. 붉은토끼풀은 외래종으로 한국에 정착한 귀화식물인데 아마도 강을 따라 퍼지고 있었던 모양이다. 꽃에 반해 한 줄기를 꺾어 와 꽃병에 꽂아두었다. 다른 식물처럼 꽃이 지고 곧 시들거라 생각했는데 붉은토끼풀은 억척스러운 생존력을 가진 귀화식물답게 그 작은 줄기에서 뿌리가 새로 돋아났다. 나는 그게 기특해서 어머니의 화분 한 귀퉁이에 심어주었는데 팝콘처럼 잎이 빠르게 돋아나 번졌다. 너무 잘 자라니 기분이 좋아서 더욱 열심히 붉은토끼풀에 물을 주었다. 언젠가 가득 피어날 붉은 꽃들을 기대하면서. 그러나 붉은토끼풀은 한 번도 꽃을 보여주지 않았고 늘 잎만 무성했다.

나는 식물의 영양생장과 생식생장을 설명할 때면 붉은토끼풀을 키운 경험을 예로 이야기한다. 영양생장은 식물의 잎, 줄기, 뿌리 같은 영양기관이 자라는 현상이고, 생식생장은 꽃, 열매, 씨앗 등 생식기관이 발달하고 자라는 현상이다. 밖에서 자라는 붉은토끼풀은 영양생장과 생식생장을 함께하면 꽃을 피우고 씨앗을 남기지만, 베란다는 붉은토끼풀에게 영양생장을 하기에 적합한 장소였다. 험난한 바깥과 달리 딱히 자손을 퍼뜨리려 노력하지 않아도 좋은 것이다.

나는 붉은토끼풀을 사랑했다. 붉은 꽃과 향기에 반해 집으로 가져오게 되고, 꽃병 속에서 뿌리를 내리니 기특해 더 사랑하게 되고, 화분에서 초록색 잎이 징그럽게 퍼지면서 꽃을 한 번도 보여주지 않아도 나는 계속 붉은토끼풀을 사랑했다. 누군가 물을 주는 사람이 없으면 금방 죽을 수 있다는 생각에 나는 하인처럼 계속 물을 주었다. 처음 만났을 때 그 향기롭고 예쁜 꽃을 상상하고 기다리면서 말이다.

나는 이 잡초를 벗어날 수 없었다. 결국 붉은토끼풀의 꽃을 본 적 없는, 화분 주인인 어머니가 잡초라고 뽑아버리고 나서야 내 사랑은 끝났다. 생각해보면 처음 보여준 예쁜 꽃도 나를 위해 핀 것은 아니었다. 잘못된 방식의 사랑으로 붉은토끼풀을 잃고 나서 나는 이 경험을 시로 썼다. 그건 사랑과 집착에 관한 시였다. 당시에는 어려서 남녀 사이의 사랑 시가 아니었지만 생각해보면 비슷한 것도 같다.

상담자는 잘못된 방법으로 지나치게 짝사랑했다. 교수님은 이해하고 존중하는 사랑을 했고, 나는 끌려가는 사랑을 했다. 상담자는 자신 위주의 사랑이 과해 식물을 죽였다. 나는 붉은토끼풀이 잘 자라도록 맞춰주긴 했지만, 만약 꽃을 보고 싶었다면 나 또한 사랑을 줄이면 되었을 것이다. 식물은 변화무쌍한 자연환경에서 살아남기 위해 자손을 남긴다. 내가 그때 좀 소홀했다면 생명의 위협을 느낀 붉은토끼풀이 서둘러 꽃을 피우고 자손을 남기려 했을 것이다.

지금 키우고 있는 식물이 잘 자라지 않는다면 사랑을

줄여보길 권한다. 그토록 기다리던 아름다운 꽃을 보게 되지 않을까? 살아가며 우리가 겪는 많은 일도 마찬가지가 아닐까 생각해본다. 사랑한다며 나 자신을 좀먹고 사랑이라는 이름으로 사랑하는 사람에게 상처 주는 일도 많다. 사랑을 조금 줄여보면 우리 인생에도 관계에도 기다리던 꽃이 필지 모를 일이다.

자신이 키우고 있는 식물을 사랑한다고 말하는 사람들에게
항상 물어보고 싶어요.
"그 식물의 진짜 이름과 고향을 아세요?"

술패랭이꽃 *Dianthus longicalyx*

"이대로 살아도 괜찮은 걸까요?"
식물이 건넨 대답

예전엔 나이가 들고 은퇴를 하고 나서야 식물에 눈을 뜨는 분들이 많았지만, 요즘은 그 연령층이 급속히 낮아지는 것을 느낀다. 20~30대 젊은 분들도 식물에 관심이 커 식물상담소에서도 많이 만나게 된다. 처음에는 어떤 식물을 좋아하는지, 식물을 어떻게 키우는지 등 관심사로 이야기를 시작하지만 대화를 나누다 보면 자연스럽게 취업 이야기, 진로 이야기, 돈벌이 이야기 등 요즘 사는 이야기나 고민, 걱정거리로 이어지곤 한다.

한 번도 본 적 없고 잘 알지도 못하는 사람이기 때문에 나도 모르게 솔직해지는 순간들이 있다. 누구에게도 쉽게 꺼내지 못한 고민도 이상하리만치 편안하게 이야기하게 되곤 한다. 식물이 주는 편안함이 더해져서 그런 걸까, 대화를 나누다 허심탄회한 마음속 고민을 털어놓으실 때 놀라곤 했던 순간들도 있다. 그럴 땐 나도 나의 이야기를 편안하게 나누게 되었고 우리는 흐르는 대화 속에서 각자의 대답을 찾아 나가고는 했다.

날씨가 화창하던 토요일, 식물상담소를 찾았던 젊은 상담자도 미래에 대한 생각이 많았다.

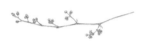

선생님: 직장은 언제 들어가셨어요?

상담자: 작년에요. 제가 직장을 많이 옮겼어요. 1년 다니고 그만두고 6개월 다니고 그만두고 하는 식이었어요.

선생님: 분야가 다 달랐어요?

상담자: 서비스직에도 다니고 일반 사무직에도 다녔어요. 미술 쪽으로 하고 싶은 게 있었는데 '그걸 하고 먹고 살 수 있을까'라는 불안이 너무 커서 '나는 못 해' 하고 묻어두고 다른 걸 한 거죠.

선생님: 먹고사는 문제는 모든 예술가의 고민이더라고요.

상담자: 직장을 그만두고 산에도 가고 바다에도 많이 다녔어요. 그런데 자연 속에 있다 보니까 '어떻게든 먹고 살겠구나'라는 생각이 들었어요. 용기를 얻었어요, 식물에게서.

선생님: 자연 속에 살면 불안감을 많이 잊게 되죠.

상담자: 자연이랑 떨어질수록 사람은 불안감을 느낀다고 생각해요. 그래서 도시에 사는 사람들이 안정적인 수입이 들어오는데도 불안함을 느끼는 것 같아요. 저도 그랬고요. 지금은 수입이 있을 때도 있고 없을 때도 있는데 오히려 예전보다 안 불안해요. 그땐 꼬박꼬박 돈이 들어와도 '나 이렇게 평생 살아야 되나' 하는 생각이 너무 컸는데 지금은 거의 없어졌어요.

선생님: 우리가 편리함을 쉽게 누리고 살잖아요. 그러다 보니 가진 거에 대한 감사함을 자꾸 잊어버리는 것 같아요. 내가 가진 거는 자꾸 잊어버리고 없는 거에 자꾸 목표를 가지다 보니까 결핍을 느끼고 초조해지고요.

상담자: 사람마다 각자 행복할 수 있는 꿈이 다르다고 생각해요. 근데 그걸 잊어버리고 남들의 그럴듯한 겉모습만 보고 자기도 그것을 원한다고 착각을 해서 잘못된 방향으로 가는 것 같아요. 그래서 좀 안타까워요. 저도 그랬고요.

상담자는 미술과 관련 없는 여러 직장을 다녔는데 마지막엔 미래를 생각할 수조차 없을 만큼 힘들어 준비 없이 직장을 그만두었다. 그 후 산과 바다를 다녔다. 계속 자연과 가까이 있으니 도시에서 살 때 느끼던 불안감이 사라졌다. 도시에 살 때는 경제적으로 안정적인 것 같았지만, 평생 이대로 살아가도 괜찮을지에 대한 대답을 스스로 찾지 못했고 불안감도 계속되었다.

자연에선 기본적인 틀만 갖춰져도 행복하게 살 수 있는데, 그걸 벗어나니 자꾸 결핍을 느껴 물건을 사고, 많이 먹고, 결국 아파서 약을 먹는 일을 반복했다. 자연은 항상 그 자리에 있었는데 왜 몰랐을까 새삼 놀라웠다. 자신에게 조건 없이 베푸는 자연에 감사함을 느꼈다. 옆에 있었는데 왜 몰랐을까 놀랐다.

꿈과 돈벌이 사이에서 어려운 시기를 건너다 자연 속에서 인생의 나아가야 할 길을 알아가고 있다는 상담자와 이야기를 나누며, 공부와 돈벌이 사이에서 줄타기를 하던 나의 경험을 이야기해주고 싶었다.

자연은 당연한 듯 곁에 있지만, 그 당연한 아름다움에 눈을 뜨게 되는 시기는 사람마다 다르다. 아무리 설명을 들어도 관심 없고 예쁜지 몰랐다가 불현듯 옆에 있는 자연이 너무 완벽할 정도로 아름답다고 깨달았을 때, 나는 그 사람 곁에 있어주고 싶다.

나는 식물이 좋아서 계속 공부하는 길을 택했고, 친구들은 하나둘씩 취업하고 승진을 했다. 꾸준히 돈이 들어오는 일자리가 없으니 나는 학자금을 대출받고 장학금을 찾아다녀야 했다. 가끔 재택 아르바이트를 얻어 근근이 생활비를 메꾸었지만 이상하게도 그리 불안하지는 않았다. 만약 정말 불안했다면 빨리 취업 준비를 하거나 여러 아르바이트를 했을 텐데 돈벌이조차도 식물분류학과 직접 관련이 없으면 하지 않았다.

아무리 좋아해도 경제적으로 문제가 닥치면 위기가 오기 마련이다. 풍족하지 않은 길을 걸으면서도 흔들림 없이 식물 공부를 계속할 수 있었던 이유를 곰곰이 생각해봤다. 그러다 내가 자주 자연 속에 있었기 때문일 수도 있겠다는 생각이 들었다.

시골에서 자랐기 때문인지, 도시에서 누리던 것들을 끊고서 시골에 살아도 내 한 몸 건사할 수 있다는 믿음도 있었다. 어릴 때 시골에서 자라면서 깨달은 것들이 인생의 축이 되어 항상 언젠가는 시골로 돌아가야 한다, 정확하게는 '자연으로 회귀해야 한다.'고 생각한다.

사람이 살아가는 데 얼마나 많은 것들이 필요할까? 나

를 지탱하는 기본적인 것들이 단단하다면 행복하게 살 수 있지 않을까? 내가 가지고 있는 것들의 가치와 소중함을 알아야 무언가 소중한 것이 내 곁에 다가왔을 때 알아볼 수 있다고 생각한다. 자신이 가진 것들의 가치를 더 잘 알았으면 좋겠다. 우리를 둘러싼 자연처럼 우리가 가진 것은 생각보다 많은데 그것을 잘 보지 못하고 있는 것은 아닐까?

도시에서 화려하게 살다가 은퇴하신 어느 노신사분을 뵈었던 적이 있다. 그분은 자신이 너무 늦게 자연을 제대로 바라보게 된 게 후회된다고 하셨다. 사람마다 시기가 다르지만 결국 다 자연으로 회귀하게 되는 것 같다고 말씀드렸더니 자신은 '회귀'가 아니라 '회개'인 것 같다고 하셨다.

그 노신사분이 한번은 내게 '감사함'의 반대말이 무엇인 것 같냐고 물어보셨다. 그분의 어머니가 그분께 물어보았던 질문이라고 하셨는데, 감사함의 반대말은 '당연함'이라고 한다. 늘 곁에 있어 당연한 듯 지내지만 잃고 나서야 당연했던 것들에 감사함을 깨닫게 된다는 것이다.

모든 생물은 다 죽어서 사라지고 자리를 비워준다. 우리 인간도 마찬가지다. 자연은 그걸 흡수하고 순환시킨다. 종종 인간은 영원한 것을 좋아해서 오래도록 변하지 않고,

사라지지 않고, 썩지 않는 물건을 만들어낸다. 도시에는 오래도록 변하지 않고, 사라지지 않고, 썩지 않는 물건들이 많다. 우리가 모두 죽어 사라져도 그대로 남는 물건들 말이다. 도시에서 살아가는 사람들이 물건을 많이 사고 누려도 계속 결핍을 느끼는 건 변하지 않는 것들에 둘러싸여 사라지는 것 또한 중요하다는 것을 모르기 때문 아닐까?

한번은 두 달 동안 식물 표본을 아무런 보호도 하지 않고 탁자 위에 두고 전시한 적이 있다. 조금만 건드려도 바삭거리며 부서지는 마른 잎들과 약한 바람에도 날려가는 씨앗을 보며 전시장 지킴이였던 분은 걱정하셨다. 나는 전시하는 동안 퇴색되고 사라지는 모습을 보여주는 것이 내가 원하는 전시라고 말씀드렸다. 만약 무례한 관람객이 표본을 집어가 전시물이 없어진다면 그것도 전시의 일부인 것이라고.

에너지 보존의 법칙에 따르면 에너지는 그 형태를 바꾸어 다른 곳에 전달될 뿐 생성되거나 사라지는 건 아니다. 자연의 모든 것은 형태를 바꾸며 계속 순환하고 있다. 변하여 본래의 것이 사라지고, 다른 것에 보태어지는 과정 속에 우리도 존재한다. 자연을 가까이에서 느끼며 살아갈 때, 자연의 순환 속에 우리도 존재한다는 것을 깨닫고 불필요한 결핍과 불안에서 좀 더 자유로울 수 있을 것이다.

울릉국화 *Dendranthema zawadskii* var. *lucida*

혼자만 좋아하는 무언가 있다는 건
행운일지도 모릅니다.
특별한 꿈을 이루는
지름길이기도 하지 않을까요?

2부

마음이 추울 때
가고 싶은 곳

"잘해요?" 말고 "좋아해요?"
물어볼래요

"식물과 어린이는 닮은 것 같아요."

어린이들에게 미술을 가르치는 상담자가 식물상담소를 찾아왔다. 미술을 전공하고 몇 군데 직장을 다니다가 지금은 어린이 미술 교육을 하고 있다고 했다.

적성에 맞지 않는 여러 직장을 다니며 지쳤던 상담자는 직장을 그만두고 자연 속에서 한동안 마음을 회복하려했다. 식물을 가까이하면서 식물이 조건 없이 베푸는 존재처럼 느껴졌다. 그런데 어린이들에게 미술을 가르치며 비슷한 느낌을 받았다. 그래서 지금은 하고 싶은 직업을 찾은 것 같다며 아이들과의 이야기를 들려주었다.

어린이 교육에 관심이 많은 나는 상담자가 반가웠다. 자연과 그림을 아주 어릴 때부터 가까이하는 게 중요하다고 늘 생각한다. 그 시절에 가까이하면 평생 가깝게 지내는 힘을 얻게 된다 생각하기 때문이다. 머리로 완전히 기억하지 못해도 마음으로 기억하고 경험을 키워가는 것이다. 자연과 가까이 지내고 그림으로 표현하는 건 본성이라 생각하는데, 그걸 어릴 때 접하지 못했거나 처음 접할 때 별로 자유롭고 행복하지 않은 기억이었다면 멀리하게 되는 것 같다.

어른을 대상으로 식물 강의를 하다 보면 꼭 어린이 같은 모습을 보게 될 때가 있다. 식물을 보고 신기해하며 행복해하는 반짝이는 눈과 들뜬 마음이 느껴진다. 그럴 때면 뿌듯하면서도 자연의 이치와 아름다움을 어릴 때부터 알고 있었다면 더 풍요롭고 여유로운 감정을 느끼며 살아가지 않으셨을까 하는 마음이 든다.

그래서 어린이 자연 교육이 꼭 필요하다고 생각해 전시회나 행사에 어린이 프로그램을 기획하거나 어린이 강연이 들어오면 되도록 하려고 한다. 그런데 막상 어린이를 만나기 전에는 긴장되고 고민도 정말 많다. 내 아이가 없어서 그런지 연령별 수준도 잘 모르겠고 어떤 방법이나 대화가 어린이들에게 좋은 영향을 줄 수 있는지에 대해서도 계속 생각한다. 혹여나 나의 어떤 행동과 말이 아이에게 좋지 않은 영향을 줄까 봐 걱정이 앞서는 것이다.

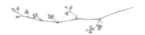

상담자: 아이들이랑 노는 게 너무 좋더라고요.

선생님: 몇 살 정도예요?

상담자: 여섯 살 아이들이에요. 아기들이라 그린다기보다는 그림이랑 논다고 하는 표현이 더 맞을지도 모르겠어요. 즐겁게 놀면서 배우기도 하는 거죠. 그런데도 부모님들은 교육비를 내니까 뭔가 확실하게 배우기를 원하세요. 전 아이들이 원래 가진 본성을 해치지 않고 교육하는 방법이 좋다고 생각해요. 우리가 감정을 표출하는 것보다 숨기는 법을 먼저 배우거든요? 있는 그대로의 아이들을 어떻게 보고 가르칠 것인지 고민하는 게 중요하다고 생각해요.

선생님: 아이들에게 미술 교육을 하다 보면 부모님이 더 요청하시는 건 없으세요? 아이 숙제나 미술대회를 도와달라고 하시는 분도 있다고 들었거든요.

상담자: "잘해요?"라는 질문을 많이 하세요. "우리 아이

미술 잘해요?", "잘 그려요?", "미술 배우면 좋겠어요?"

선생님: 뭐라고 대답하세요? 어린 나이에 잘하고 못하고
가 중요할까 싶은데요.

상담자: '잘해야 된다'라는 기준을 저는 잘 모르겠어요.
그래서 "좋아해요."라고 대답해요. "그림 그리는 거 되
게 좋아하고 흥미 있어 보여요."까지만 얘기해요.

상담자와 대화하며 그동안 내가 가지고 있던 고민 중
하나를 해결할 수 있었다. 어린이에게 "잘해요."보다 "좋
아해요."를 전하는 게 중요한 일이라는 깨달음이다. 아이
들에게 칭찬이 중요하다는 이야기를 흔히 듣다 보니 나는
"잘해요."라는 말을 많이 했다. 무조건 좋은 말이라 생각
했는데 다시금 생각해보게 되었다.

식물상담소에서 상담자를 만나다 보면 어떨 때는 상담
을 해드리는 것이 아니라 내가 깨달음을 얻을 때도 많다.
서로가 가진 장점에서 얻는 즐거운 상승작용이 재미있다.
이런 즐거움이 식물상담소를 계속하게 만드는 이유 중 하
나이기도 하다.

영국 교외의 크고 멋진 성에서 열리는 워크숍에 참석
한 적이 있다. 그 성은 시인이자 예술 후원자였던 에드워
드 제임스 Edward James 의 집이었던 곳으로 지금은 예술대학

으로 쓰이고 있다. 워크숍은 성에서 먹고 자며 주변 자연을 둘러보고 작은 그림 하나를 그려보는 것으로 간단하고 친근했다. 신청자들은 그 지역에 여름 휴가를 왔거나 재미로 신청한 동네 분들이었다. 작가로 활동하거나 평소 그림을 그리는 사람은 없는 것 같았고 모두 할머니와 아주머니였다.

우리는 3일 동안 성에서 제공해주는 맛있는 뷔페를 먹으며 수다를 떨고 오후에는 딸기 한 알을 그렸다. 딸기 한 알만 그리면 된다니 다들 즐거워 보였다. 첫날 신중하게 제일 예쁜 딸기를 하나씩 골라 갔다. 딸기는 그려보면 생각보다 어렵다. 씨가 많고 굴곡진 표면 때문에 반짝이는 재질을 표현하기도 어렵고, 붉은 과육과 초록색 받침까지 조화롭게 잘 배치하려면 힘들다. 그리다 보니 다들 아무 말이 없을 정도로 열심이었다.

나는 딸기를 그리러 온 것도 아니었는데 어느새 잘 그리려고 너무 집중하고 있었다. 딸기를 그리는 데 열중하다가 이상한 느낌에 고개를 들었는데 영국 할머니들이 딸기를 먹으며 나를 둘러싸고 서서 구경하고 있었다. 그러면서 "우리는 딸기를 그리는 것보다 먹는 걸 더 잘해!" 하셨다. 마치 "우리는 딸기를 그리는 것보다 먹는 걸 더 좋아한다는 걸 그림을 그리면서 더 잘 알게 되었어!" 하는 것처럼. 그리고 거기엔 "젊은이, 여기서 왜 그렇게 열심이야? 지치고 힘들게? 맛있는 것 먹고 재미있는 이야기를 나누자."라는 뜻도 담겨 있었다.

'좋아한다'는 누가 알려주지 않아도 알 수 있다. 그에 반해 '잘한다'는 대부분 어릴 때 어른들에게 받는 평가로 알게 되는 것 같다. 물론 아이를 칭찬해주기 위해서겠지만 그런 평가는 되도록 미루는 게 좋지 않을까?

어릴 때 들은 '잘한다'는 중독성이 커서 그것만 좇아가게 되기 쉽다. 그러다 할머니가 되어서야 '좋아한다'의 중요성을 깨달으면 슬플 것이다. 초등학교 저학년 때 나는 미술대회에 빠짐없이 나갔다. 학교 교장 선생님까지 부모님께 내가 그림을 잘 그린다고 이야기하실 정도였으니 나는 '잘한다'에 깊이 빠져 있었다. 어린 나이에 종이 위를 크레파스로 꼼꼼히 다 채우는 건 중노동이었지만 나는 계속 그림을 그렸다.

그러다 도 대표로 미술대회에 출전하게 되었는데 나는 거기서 그만 펑펑 울고 말았다. 낯선 도시에서 열린 큰 대회였고 공정성을 위해 부모님들을 떨어뜨려 놓았다. 나는 불안함에 그림 주제도 잊은 지 오래였다. 색을 칠하는 것도 힘들고, 낯선 장소와 어른들도 무서워서 울어버린 것이다. 그런데 이상하게도 뭐가 그렇게 서러운지 눈물이 멈추지 않았다. 펑펑 울고 있으니 대회 도우미였던 분이 다가와 미완성인 내 그림을 서둘러 제출하도록 도와주고 나를 어머니께 돌려보냈다.

그 후 한동안 나는 그림 그리는 걸 싫어했다. 친구들에게 그림 그리기가 정말 싫다고 털어놓았다. 부모님이 나에게 그림을 그리라고, 대회에 나가라고 말씀하신 적은 한 번도 없었다. 사실 '잘한다'고 말씀하신 적도 없다. 부모님은 그런 칭찬을 원래 하지 않으셨다. 그 사달이 난 이유는 결국 다른 어른들이 건넨 '잘한다'는 평가에 어린 내가 갇혀버렸기 때문이다.

한번은 식물상담소에 두 명의 어린이가 찾아와서 내게 무슨 꽃을 제일 좋아하냐고 물었다. 나는 모든 꽃을 좋아하지만 그중에서 봄맞이꽃이 가장 특별하다고 했다. 어릴 때 어린이 식물도감으로 먼저 알게 되었는데 들판에 나가 직접 찾아 이름을 불러준 첫 번째 식물이기 때문이다. 나는 어린이들에게 어떤 꽃을 좋아하냐고 물었다. 한 명은 색이 예쁘고 해만 바라보고 있어서 해바라기를 좋아한다고 했고, 다른 한 명은 자신이 나팔처럼 목소리가 커서 나팔꽃을 좋아한다고 했다. 무언가를 좋아하는 일에는 특별한 이유가 필요하지 않다. 나에게 소중한 작은 순간만으로도 충분하다.

시내로 들어가기 위해 자주 지나다니는 간선도로가 있다. 출근하는 시간이면 도로가에 무더기로 피어난 미국나팔꽃을 만날 수 있다. 우리나라에서 잡초로 흔히 볼 수 있는 미국나팔꽃은 꽃 크기가 다소 작고 맑은 파란 색이 예쁘다. 아침에 피었다가 해가 강해지면 곧 시드니 아침에 그 길을 지나야 볼 수 있다. 간선도로 옆으로는 아파트가 늘어서 있는데 아침이면 아파트의 그늘이 도로 쪽으로 길게 늘어진다. 그래서 미국나팔꽃 중 일부는 아침 햇살을 받고 일부는 그 그늘에 가린다.

그런데 아주 절묘한 시간에 그 길을 지날 때면 햇빛 아래에 있는 미국나팔꽃은 모두 꽃이 져 있고 그늘 아래에 있는 꽃은 아직 피어 있는 장면을 볼 수 있다. 그늘 아래에서는 빛이 적어 늦게까지 피어 있는 것이다. 도미노처럼 선 아파트와 아파트 모양을 따라 생기는 그늘, 그 그늘에만 피어있는 미국나팔꽃이 정말 귀엽다. 그럴 때면 지나가는 다른 운전자들에게도 저 꽃 좀 보라고 말해주고 싶다.

잘하는 걸 증명하는 것보다 좋아하는 이유를 말하는 건 정말 쉽고 즐거운 일이다. 좋아하는 일에는 커다란 이유가 필요하지도 않다. 좋아하는 건 자연스럽고 행복한 일이다. 나만 알고 있는 미국나팔꽃의 모습처럼 나에게 소중하고 감격스러운 작은 순간들이 무언가를 좋아하게 되는 큰 이유가 되기도 한다. 식물과 그림을 좋아하는 이유는 사람마다 다를 것이다. 각자 좋아하는 다양한 이유를 나눌 수 있다면 그 수업이 가장 좋은 수업이 되지 않을까?

"직장을 그만두고 산과 바다로 많이 다녔어요.
자연 속에 있다 보니까
'어떻게든 먹고 살겠구나' 하는
생각이 들었어요. 용기를 얻었어요.
식물에게서."

댕댕이덩굴 *Cocculus orbiculatus*

접어둔 꿈이
나를 찾고 있다

어머니의 오랜 꿈은 작가였다. 벽 한편을 가득 메우고 있는 책장엔 글이 세로로 적혀 있는 책이나 손때 묻은 문고판이 많았다. 대부분 어머니가 대학생 때 모아둔 책이었다. 가끔 책의 앞쪽에 젊은 날 어머니가 쓴 한두 줄짜리 글귀를 읽는 게 좋았다. 날짜와 그날의 상황, 책을 사게 된 계기가 적혀 있었다.

문학책 말고도 어머니가 쓰신 원고가 집에 쌓여 있는 모습도 익숙하다. 옛날 원고지에 손글씨가 가득 적혀 있다. 그러나 어느 사이 어머니는 더 이상 글을 쓰지 않고 책 읽기로도 만족한다고 하셨다. 대학 때 좋은 상도 받고 꽤 긴 시간 글쓰기를 하신 걸 알았기에 왜 그만두시는지 안타까웠다. 아마 넉넉하지 않은 집안 형편으로 일하고 자식을 돌보느라 글 쓸 시간을 갖기가 불가능하셨던 거 같다. 어머니께 글을 다시 써보시라 말씀드렸는데 어머니는 이제 눈도 아프고 그다지 글쓰기가 하고 싶지 않다고 말씀하셨다.

어머니처럼 새로운 역할 때문에, 혹은 예상치 못한 장벽으로 인해 꿈을 잠시 접어두거나 꿈이 접혀버린 분을 여럿 만났다.

언젠가 외국에서 한 메일을 받았다. 메일을 보낸 분은 외국에서 10년 넘게 살다가 귀국한 지 얼마 되지 않은 한국인이었다. 외국에 있는 동안 식물 그림을 그리게 되었고 나와 이야기를 나눠보고 싶다고 했다.

인사동 어느 고즈넉한 찻집에서 그분을 처음 만나게 되었는데 내 어머니보다 조금 젊으셨다. 그분은 자신이 가진 고민과 이야기들을 조심스럽게 말씀하기 시작하셨다.

외국으로 가기 전에 좋은 대학에서 환경공학으로 박사 과정을 밟고 있었다. 박사 학위 논문 심사를 앞둔 상태에서 고민하다 아이들 유학을 따라갔다. 아쉬운 마음이 컸으나 일과 가족 중 가족을 선택했고, 아이들을 돌보는 것도 비교할 수 없는 큰 행복이었다. 그러나 낯선 환경에서 고된 생활을 하면서도 갑자기 중단한 공부가 계속 떠올랐다. 헛헛한 마음이 늘 마음 한쪽에 자리 잡고 있었는데 우연히 식물 그림을 알게 되어 그리기 시작한 것이다.

한국으로 돌아오고 보니 함께 실험실에 있었던 동료들은 교수나 연구원이 되어 있었다. 집에 포장된 채로 쌓여 있는 박사 과정 연구자료를 물끄러미 바라보고 있자면 도저히 그 상자들을 다시 열 수가 없었다.

처음 만난 사이인데도 지난 이야기를 하며 인사동 찻집에서 눈물을 펑펑 흘리셨다. 그러나 곧 눈물을 가득 머금고 웃으시며 환경공학과 사랑 중 자신은 사랑을 선택했다고 하셨다. 당시 나는 4년 동안 박사 과정을 밟으며 무척 지친 상태였고 방황하고 있었다. 그런 때 우연히 듣게 된 인생 선배의 속마음이 내게 좋은 조언이 되었다.

꿈을 향해 나아가거나 공부를 하다 보면 본인의 의지가 강해도 주변의 조언이나 예상치 못한 장애물을 만나기도 한다. 불합리하다고 느껴지는 여러 장벽과 장벽 같은 사람을 만나게 될 때도 있다.

바뀐 개인의 환경 때문에 그전에는 생각하지도 못한 장애물을 만나게 되기도 한다. 결혼하고 육아를 하면서 공부를 병행하기 시작하자 전에는 고민하지 않았던 일들이 꿈을 가로막는 것 같다며 속상해하는 상담자를 만났다.

상담자: 아이들 키우느라 손 놓고 있다가 다시 공부가 하고 싶어서 박사 과정 준비를 하고 합격했어요. 더 심도 있게 공부해보고 싶은 욕구가 있는데 그저 나의 욕심일 뿐인 건지 회의가 들기도 해요. 어느 날 교수님께 아이디어를 이야기하니 "꼭 그걸 네가 학회에 와서 해야겠냐." 하시는 거예요. "힘들게 살지 말고 그냥 하고 싶은 거 하면서 즐겁게 살아라. 애들도 있는데 애들을 키워야 한다."고 말씀하시는데 너무 힘이 빠지더라고요.

선생님: 박사 공부가 스트레스가 아니라 재밌을 수도 있는 거잖아요.

상담자: 저는 한국에서 엄마로, 여성으로 사는 게 엄청 어려운 일이라는 걸 결혼하고 나서 느껴요. 결혼하기 전에는 전혀 몰랐는데 굉장히 벽이 높더라고요. 결혼하고 아이 낳고 다시 학교에 가면 똑같은 조건인 남자에게는 교수님이 "넌 진짜 대단하구나." 이러시는데, 저는 완전 반대로 보니까요.

선생님: 그건 그 교수님에게도 문제가 있다 생각해요. 만

약 정말 그분이 그런 가치관이면 좋은 교수가 아닌 것 같아요. 요즘 성별도 나이도 직업도 인종도 다양한 사람들이 대학 공부를 하고, 대부분 교수님이 전혀 그런 말씀 안 하시는데 이상하네요.

상담자: 외국도 이럴까요?

선생님: 사람 사는 곳은 다 비슷한 것 같아요. 유리천장 말고 대나무천장(미국 등 국제사회에서 아시아계의 고위직 상승을 막는 보이지 않는 장벽을 일컫는 말)도 많이 이야기하잖아요. 인종차별이요.

식물상담소에 찾아온 20~30대, 특히 사회생활을 하고 있거나 이직을 준비하거나 직장생활을 하고 있는 여성 상담자들의 경우 생각보다 심각한 장벽도 듣게 되어 놀라곤 했다. 미투^{MeeToo} 말이다. 아마도 내가 비슷한 또래이고 1시간 가까이 이야길 나누다 보니 자연스레 고민을 털어놓게 되는 거 같았다. 신고하기엔 고민되고 은근슬쩍 일어나는 상황이 화가 나지만 혼란스러워하다 그 장벽을 스스로 떠나는 것이다.

특히 20대 초반인 어린 상담자의 경우는 은근슬쩍 발생하는 상황과 말에 혼란을 느끼는 것 같았다. 나도 그 나이 때를 생각해보면 비슷한 상황이나 차별적 관행이 많았는데 당황스럽긴 했지만 어렸기 때문에 잘 모르고 넘어갔다. 그래서 본인이 힘들고 고통스럽다면 그건 분명 잘못된 일이라고 언니처럼 이야기해주었지만, 한편으로는 식물상담소에서 생각지도 못하게 여러 사례를 듣게 되어 참 안타까웠다. 이곳은 식물을 주제로 얘기하는 평화로운 식물상담소인데 말이다.

성별 때문에 겪는 차별 이외에도 외국에서 생활하다 보면 인종차별도 심심찮게 겪게 된다. 식물 채집이나 식물원 방문, 학회 참석이나 연구원 생활, 전시회 등으로 여러 나라를 다니면서 나는 인종차별에 익숙해졌다. 사실 내가 생각하기에 인종차별을 하는 사람은 대개 넓은 세상을 보지 못했거나 교육이 부족한 경우여서 어느 순간부터 그러려니 했다. 그러나 정말 드물지만 좋은 지위에 있고 교육을 받은 사람이 티 내지 않고 인종차별을 할 때면 참 마음이 복잡하다. 내가 만난 인종차별주의자들은 대부분 백인이어서 나도 모르게 백인을 만날 때 항상 경계한 적도 있다.

그러다 미국 선임연구관님의 이야기를 들은 후 생각을 좀 더 넓힐 수 있었다. 그분의 친한 친구 중 한 분은 아시아 역사를 전공한 백인 학자였다. 많은 논문을 쓴 뛰어난 학자였지만 아이러니하게도 백인이어서 원하는 연구소의 연구원이 될 수 없었다. 왜냐하면 그 연구소들이 아시아인을 채용하길 원했기 때문이다. 자신이 아무리 열심히 연구해도 태생은 해결할 수 없는 일이었다. 취업을 할 수 없어 고민하던 차에 이 학자는 요리에서 재능을 발견하고 레스토랑을 열었고 크게 성공했다. 지금은 혼자 연구소를 짓고 계속 아시아 역사 연구를 진행하고 있다고 한다. 결과적으로 연구를 계속할 수 있었으나 인종차별 문제는 해결되지 않은 것이다. 그걸 듣고 어느 인종이나 차별당할 수 있다는 걸 좀 더 깊이 생각하게 되었다.

자신의 판단으로 접어둔 꿈, 남에 의해 접힌 꿈을 가진 사람이 많다. 그리고 그 과정을 들으면 참 슬프다. 나도 그토록 좋아하던 식물 공부를 그만두어야 했던 순간이 있었다. 처음엔 3개월 동안 집 밖에 나오지 않을 만큼 몸도 마음도 힘들었다. 좌절해 2년 정도 방황도 했다. 지나고 나서야 깨닫게 되는 것이겠지만, 왜 그렇게나 힘들어했나 싶다.

지금은 상황이 여의치 않아 꿈을 잠시 접어두었다 해도 언젠가 다시 펼치면 되는 일이다. 접힌 채로면 또 어떤가. 접힌 모양으로 다른 걸 만든다면 더 멋진 무엇이 될지 누가 알겠는가?

지금 키우고 있는 식물이 잘 자라지 않는다면
사랑을 줄여보길 권합니다.
사랑을 조금 줄여보면 우리 인생에도 관계에도
기다리던 꽃이 필지 모를 일입니다.

변산바람꽃 *Eranthis byunsanensis*

식물을 향한 낭만을 거두면
보이는 것들

식물학이나 식물 그림에 대한 강연을 할 때면 나는 서두에 키우는 고양이 두 마리 사진을 가끔 보여준다. 솔직히 귀여워서 자랑하고 싶은 마음도 있다. 첫째 고양이 '마들이'는 말이 뛰어다니는 들녘이라는 이름의 뜻처럼 아주 활발한 고양이다. 둘째 '순무'는 강화도에서 데려와서 강화도 특산품인 순무가 이름이 되었는데, 이름처럼 아주 착하고 겁쟁이다. 그래서 이런 성격이 느껴지는 사진이 많다.

나는 사진을 보여주며 사실 고양이를 향한 우리의 판

단과 고양이의 진짜 성격은 완전히 다를지도 모른다고 이야기한다. 고양이를 향한 나의 시선으로 상황을 자의적으로 해석하고 있는 건지도 모를 일이니까. 아무리 애지중지 키워도 고양이의 진정한 생각과 마음은 알 수 없다. 인간에게 가장 친근한 생물인 개와 고양이가 아닌 식물에 대해서는 더욱 그럴 것이다.

아일랜드의 철학자 리처드 커니 Richard Kearney가 쓴 『이방인, 신, 괴물』이라는 책이 있다. 이 책은 우리 인간이 어떤 미지의 존재를 마주하거나 낯선 환경에 닥쳤을 때, 즉 이방인을 만났을 때 인간의 대처를 이야기한다. 예를 들어 인간이 우주에서 온 외계인을 처음 만나면, 어떤 사람은 외계인을 친근하게 보거나 우러러보기도 할 것이고, 또 어떤 사람은 마냥 두려워하거나 무서워할 수도 있다. 전자는 외계인을 신, 후자는 괴물이라고 판단한 것이다.

인간은 어떤 미지의 존재를 만나면 나와 이방인으로 양극화되어 있는 상황을 해결하기 위해 자신이 이해할 수 있는 범주 내에 그 존재를 넣으려고 한다. 이 철학자는 인간의 역사를 살펴보며 인종차별이나 성차별처럼 타자, 즉 이방인을 깊이 이해하지 못해 발생한 수많은 사회적 문제를 짚어나간다. 나는 이 책을 소개하며 책 제목 끝에 단어 하나를 덧붙여 '이방인, 신, 괴물, 그리고 생물'이라는 주제로 인간이 인식하는 생물 이야기를 시작한다. 생물학이 발달하기 전에 인간은 많은 생물을 임의로 판단했다. 곤충의 변태 과정을 몰랐을 때는 곤충이 땅속에서 저절로 솟아난다고 믿었고, 바닷속 대왕오징어는 한때 해저 괴물이었다.

나는 책에서 식물이 등장하면 유심히 본다. 인간이 식물에 대해 어떤 생각과 편견이 있는지 알 수 있기 때문이다. 일반적으로 식물은 인간에게 관대하고 수동적인 존재로 인식되는 것 같다. 그러나 식물을 연구해보면 식물이 그런 존재라는 생각은 들지 않는다. 식물에 대한 낭만적인 시선을 조금은 거두면 좋겠다. 자연에 대한 막연한 편견과 이미지 때문에 자신도 모르게 그린워싱을 발생시킬지도 모르니까.

그린워싱 Greenwashing은 일반적으로 어떤 기업이나 단체가 환경에 악영향을 끼치는 제품을 생산하면서도 친환경적 이미지를 내세우는 위장술을 말한다. 흔히 결과물이 친환경적인 듯 보이나 면밀히 살펴보면 환경에 악영향을 끼치거나 생산과정에서 심각한 오염이나 환경 파괴가 발생하기도 한다. 그러나 그렇게 악의적으로 발생하는 경우 외에 생물을 깊이 이해하지 못해 발생하는 문제도 결과적으로 그린워싱이라 생각한다.

낭만적 시선이 강해 그린워싱이 일어나기도 한다. 예를 들면 미술 작업을 하는 작가가 화학 물감 대신 친환경 염료를 이용하고자 식물 염료를 쓰고 싶은데 좀 더 의미를 부여하기 위해 야생식물로부터 다양한 염료를 얻었다. 그러면 결국 여러 야생식물을 죽이게 된 그린워싱이다.

상담자: 식물을 염료로 사용하거나 작품에 어떻게 활용할지 고민 중이에요.

선생님: 우리나라 천연염색을 살펴보면 식물 염료가 여럿 있죠. 마디풀과의 쪽도 있고요. 이렇게 생긴 식물이에요. 길에 흔한 여뀌 종류와도 닮았는데 엄청 예쁜 파란색이 나와요.

상담자: 진짜 이쁘네요.

선생님: 물감 중에 선명한 청색, 인디고라고 하는 색이 있잖아요. 그런 색을 띠는데 사실 인디고라는 용어도 외국에서 인디고페라 *Indigofera* 라고 하는 콩과 식물들에서 추출한 색 때문에 붙은 이름이에요. 그것도 식물 염료였죠.

상담자: 근데 이 식물들은 어떻게 구해야 하죠? 요즘은

산에서 돌맹이 하나도 함부로 가져오면 안 되잖아요.

선생님: 그렇죠. 식물에 대한 지식을 가지고 산에 간다고
해도 찾기 힘들고, 무엇보다 야생식물을 가져오는 건
환경파괴고요. 야생식물 말고 농장에서 재배하거나 약
재시장 같은 데서 파는 식물을 사는 게 더 낫지 않을까
요? 어떻게 해야 정말 친환경적으로 식물을 작품에 활
용할 수 있을지 같이 깊이 생각해봐요.

나는 전시 때마다 일회성으로 사용되고 버려지는 재료
와 가구에 대해 고민한다. 전시 공간을 조성하다 보면 가
구나 보조 부품이 필요해서 새로 사거나 마련해야 한다.
작품이 아닌 전시 보조물이기에 짧은 기간 사용되고 곧바
로 버려지는 물건들이다. 요즘은 전시 때 쓰레기가 나오
지 않도록 제로 웨이스트^{zero waste} 전시가 시도되기도 하
지만 사실 긴 시간 계획하고 꼼꼼하게 생각해야 해서 완
전하게 실천하기는 힘들다. 나는 관람객들이 알아채지 못
하지만 폐스티로폼이나 폐플라스틱, 폐가구를 사용하려
노력한다. 하지만 바쁜 전시 기간에 딱 맞는 것을 찾기란
참 어렵다.

시각적인 아름다움을 위해 잠깐 사용되고 버려지는 물

건들이 있는가 하면, 사랑하는 마음을 확인하고 싶어 잠시 잠깐 사용되고 버려지는 물건들도 많다. 석사 때 선배 한 명이 '남산 위에 저 소나무'를 보호하는 아르바이트를 주겠다고 해서 따라간 적이 있다. 애국가에도 등장하는 남산에 사는 소나무를 살리고, 소나무 외에 다른 나무를 자르기 위해 나무를 분류하는 프로젝트였다. 이 조사는 강의에서 몇 번 소개한 적이 있다. 왜 우리는 소나무를 보호하는가, 또는 어떻게 소나무가 남산 생태계에서 우점할 수 없는가에 대해 이야기한다. 강의에서는 이런 식물학적 내용만 다루었는데 말하지 않은 재미있는 에피소드가 있다.

남산에서 관광객은 등산로로만 다니기 때문에 의외로 산속에는 사람의 발길이 드물다. 남산을 오르락내리락하며 조사하다가 나는 버려진 열쇠 하나를 주웠다. 아무도 오지 않는 산속에 있는 깨끗한 열쇠가 신기하면서도 으스스하게 느껴졌다. 조금 후 선배도 열쇠를 하나 줍게 되었다. 산속에 깊이 들어갈수록 열쇠가 많았고 우리는 결국 양손 가득 열쇠를 주웠다. 처음엔 신기해서 줍기 시작했지만 양손 가득해지자 문득 '우리가 왜 이런 걸 하고 있지?' 하는 생각이 들었고, 어떻게 처리할지 곤란해졌다. 결국 산속에서는 쓰레기일 뿐이니 수거해 가야겠지만 점차 숫자가 많아지자 금속으로 된 열쇠의 무게가 상당했기 때문이다.

그때 산속에서 부스럭거리며 어떤 아저씨가 등장했다. 아무도 오지 않는 산속이라 우리도, 그분도 깜짝 놀랐는데 그분은 아무 말 없이 가지고 온 쌀 포대에 우리가 내려놓은 열쇠를 모두 담아 가셨다. 아저씨가 사라지고 나서 깨달았는데 그 열쇠들은 남산 꼭대기에서 사랑을 약속한 커플들이 던진 것이었다. 사랑의 자물쇠를 철조망에 매달고 열쇠를 깊은 산속으로 던진다. 열쇠를 영영 찾을 수 없게 만들어 사랑이 영원하길 바라는 것이다. 그렇지만 우리가 그 열쇠를 가지고 올라갔다면 아마 꽤 많은 사랑의 자물쇠를 풀었을 것이다.

열쇠를 주워 가신 분은 고물상에서 오신 것 같았다. 어찌 보면 그분이 열쇠를 주워 가시기 때문에 영영 열쇠를 찾을 수 없어 '우리 사랑 영원히!'는 지켜질지도 모르겠다. 그러나 영원한 사랑을 위해 자물쇠와 열쇠가 꼭 필요할까? 남산에 매달아놓은 수많은 자물쇠는 주기적으로 거두어져 쓰레기장으로 향할 테고, 없어져 찾을 수 없길 기대한 열쇠는 중력에 의해 아래로 떨어져 남산의 쓰레기로 남은 것뿐이다.

'우리 사랑 영원히!'와 함께 '자연 사랑 영원히!'도 실천해주면 좋겠다. 건강한 자연 안에서 우리의 사랑도 오래도록 지속될 수 있으니까 말이다. 우리가 무심코 하는 행동 뒤에 숨어 있는 환경파괴와 그린워싱에 대해서도 생각해보면 좋겠다. 자연을 향한 낭만을 거둘 때 진정한 '그린'이 무엇인지 더 잘 알게 될 테니까.

자연에 대한 낭만적인 시선을 조금은 거두면 좋겠습니다.
자연을 향한 낭만을 거둘 때 진정한 사랑을 깨닫게 될 거예요.

야고 *Aeginetia indica*

식물도감에도 없는
신비로운 비밀들

식물은 씨앗에서 싹이 트고 자라나 잎을 펼친다. 계절에 따라 꽃을 피우고 열매를 맺어 다시 씨앗을 생산한다. 모두가 아는 이런 뚜렷한 변화 외에도 식물은 신비로운 모습을 끊임없이 보여준다. 식물이 간직한 신비롭고 소중한 비밀들은 아마도 식물 곁에서 식물의 사계절을 계속 지켜본 사람만이 알 수 있을 것이다.

어릴 때 우리 집 마당에는 벽오동이 있었다. 그 이후 이사 간 집에도 벽오동이 있었다. 자연스레 긴 시간 매일 관찰하게 되어 나는 지금도 벽오동을 보면 친구같이 느껴진다. 오빠와 나는 매끈한 벽오동 나뭇가지를 잡고 나무 위에 자주 올라갔다. 오빠는 옆으로 뻗은 굵은 나뭇가지에 누워 잠을 자기도 했고, 나는 벽오동 씨앗을 먹거나 열매를 물 위에 띄워 노는 걸 좋아했다.

벽오동은 주변에서 흔히 만날 수 있는 참오동나무와는 계통학적으로 관계가 멀고 그 생김새도 전혀 다르다. 참오동나무는 연보라색 통꽃이 만발하고 달걀보다 조금 작은 럭비공 같은 모양의 열매가 열리며 가을에 갈색으로 익어 쪼개진다. 벽오동은 황록색 작은 꽃이 모여 많이 달리고 꽃잎이 뒤로 젖혀지며 꼬이는 형태다. 나무줄기와 가지가 초록색으로 매끈하고 열매가 조각배처럼 생긴 것이 독특하다. 조각배 가장자리에 앉아 있는 사람들처럼 씨앗들이 맺혀 있는 모습도 그렇다. 벽오동 줄기와 열매를 보여주면 처음 본 사람은 하나같이 신기하게 생겼다고 했다. 그 외에도 나는 몇 년 동안 매일 벽오동을 곁에서 관찰하며 알게 된 비밀이 많다.

벽오동 씨앗을 먹는 건 흔치 않은 일이다. 도감에도 씨앗을 식용한다는 이야기는 없다. 그다지 맛이 좋거나 양이 넉넉하지도 않아 먹을 만하지 않다. 종종 한의학적 효능이 있어 약재로 등장하긴 하지만 벽오동 씨앗을 볶아 간식으로 먹는 건 벽오동과 친근한 사람들만이 누리는 소수의 취미인 듯하다. 내가 종종 벽오동 씨앗을 주워 껍질을 벗겨 먹게 된 건 아버지가 일러주셨기 때문이었다. 아버지가 어릴 때 벽오동 씨앗을 먹었던 기억을 전해주셨다. 그래서 나는 벽오동 씨앗의 맛을 알고 있다.

벽오동 열매는 어린 열매일 때 조각배 모양이 아니다. 조각배가 세로로 말려 봉합되어 있고 그 안에 작은 씨앗들도 감추어져 있는 모양새다. 마치 곤충의 고치처럼 생겼다. 이 시기 열매를 억지로 쪼개보면 그 안에 묽은 간장 같은 액체로 가득 차 있다. 작은 씨앗은 양수 같은 액체 속에서 점점 자라난다. 열매가 커지면서 그 액체는 서서히 사라지고 한쪽 봉합선을 따라 쪼개지면 조각배 모양이 된다.

어릴 때 벽오동 열매의 변화가 너무 신비했다. 특히 그 검은 액체가 놀라웠다. 식물학 공부를 하면서 몇 번 다른 식물학자에게 이 검은 액체를 이야기한 적이 있는데 아직 관찰한 사람을 만나지 못했다. 씨앗을 먹은 사람도 말이다. 식물도감에 없는 이런 작은 비밀을 알게 되는 건 소소한 행복이다.

식물상담소에 직접 그린 취나물꽃 그림을 들고 어떤 가족이 찾아왔다. 최근 주말농장에서 채소를 키우다 이전에 몰랐던 채소의 다양한 모습에 놀라 그림을 그리고 있다고 했다. 취나물을 사 먹을 때는 항상 잎만 보았는데 취나물을 직접 키우게 되니 꽃을 보게 되었고 생각보다 예쁜 꽃을 그냥 지나칠 수 없었던 모양이다. 아이와 함께 관찰하며 그린 귀여운 취나물꽃 그림에는 식물에 대한 애정이 만발해 있었다.

선생님: 감자 열매를 보신 적 있으세요?

상담자: 감자 열매? 아니요. 못 본 것 같아요.

선생님: 감자와 고구마의 꽃과 열매를 모두 다 본 사람이 많이 없더라고요. 감자 열매는 이렇게 생겼어요. 방울토마토 같죠?

상담자: 오, 어머! 처음 봤어요.

선생님: 감자는 가지과 식물이에요. 토마토도 가지과에 속해요. 그래서 열매가 비슷하게 생겼죠. 고구마는 메꽃과 식물이라 꽃도 열매도 나팔꽃과 비슷해요. 나팔꽃이 메꽃과거든요.

상담자: 그렇구나. 어, 고구마 꽃은 본 거 같아요. 부모님이 고구마를 심으신 적이 있거든요. 사실 이번에 그린 취나물의 꽃도 텃밭에 심어서 알았어요. 그런데 선생

님, 꽃병에 저건 뭐예요? 저 빨간색? 엄청 예뻐요.

선생님: 이건 주목이에요. 길거리에 흔히 심는 나무인데 이 시기에 이렇게 빨간 열매가 맺혀요. 근데 사람들이 꽃이 피거나 열매가 열린 걸 잘 몰라요. 저는 어릴 때 주목이 집에 많아서 친숙해요. 이 빨간 열매를 먹으면 약간 쫀득하고 달달해요. 어릴 때 집에 있는 주목 열매를 항상 먹었거든요? 나중에 식물학을 전공하고 나서 알았는데 독이 있대요. (웃음)

상담자: 어머!

식물에 관심이 없는 사람을 만나면 감자와 고구마의 꽃과 열매처럼 우리에게 친숙하지만 잘 알지 못하는 식물의 숨겨진 모습을 알려준다. 그러면 식물에 관심을 가지게 하는 데 백 퍼센트 성공한다. 그리고 이번 상담자처럼 식물에 눈을 뜬 지 얼마 되지 않은 사람을 만나면 식물의 숨은 비밀을 되도록 많이 이야기해주고 싶다. 나이를 불문하고 상담자처럼 식물을 키우다 무언가를 발견해 신기해하는 모습을 보면 참 사랑스럽다. 들떠서 눈을 반짝이며 자신이 발견한 것을 하나씩 설명하는 모습이 말이다.

반대로 한 식물과 오랜 시간 함께 한 이들에게서 도감에도 없는 비밀을 듣게 되거나 새롭게 배우기도 한다. 나처럼 어릴 때 주목 열매를 열심히 먹었다가 어른이 되어 독이 있다는 걸 알게 된 사람을 만난 적이 있다. "저도 먹었어요!"라며 고향 친구라도 만난 듯이 추억을 공유하고 건강히 잘 살아남아 있다며 농담을 주고받았다.

사실 주목 열매에 독이 있다고 책에는 간단히 적혀 있으나 소량인 데다, 주목 종류에서 얻는 항암물질을 떠올리며 단순히 독은 아닐 거라 위로해본다. 오히려 소량의 독을 조금씩 먹어 저항성이 키워졌거나, 그 독이 항암 역할을 했을지도 모르니 우리가 더 건강해졌을지도 모른다는 우스갯소리도 잊지 않는다.

몇 년 동안 관찰하고 기록하면서도 발견하지 못한 비밀을 듣게 되는 때도 있다. 전시장에서 어느 신문 기자님과 인터뷰를 할 때였다. 까마귀쪽나무의 열매와 씨앗 그림을 유심히 보던 기자님은 어릴 때 그 열매를 먹었고 씨앗은 새총의 총알로 썼다고 이야기하셨다. 까마귀쪽나무는 제주도를 비롯한 남부 도서 지역에서 만날 수 있는 식물이다. 기자님은 제주도 출신이어서 집 돌담 옆에 바람을 막기 위해 심는 까마귀쪽나무가 무척 친숙했다.

나는 까마귀쪽나무를 그리기 위해 몇 년 동안 관찰하고 많은 표본을 만들고 기록했었다. 당시에 실험실 프로젝트가 있어서 DNA 분석도 하며 열심히 까마귀쪽나무를 연구했으나 열매를 먹을 수 있다는 건 몰랐다. 까만 열매 안에 들어 있는 아몬드 크기의 씨앗을 손안에 굴려보면서도 씨앗이 동네 꼬마들의 새총 놀이에 중요한 총알인지도 몰랐다. 그런 내용은 도감이나 논문에는 없었으니까. 그림을 볼 때마다 나는 과연 까마귀쪽나무에 대해서 얼마나 아는 것일까, 각 식물 종을 잘 알기 위해서는 얼마나 긴 시간이 필요한 걸까 생각한다.

인터뷰가 끝나자 기자님은 서울에서 기자 생활을 접고 원래 꿈이었던 사진작가를 하며 제주도에서 살고 싶다고 하셨다. 7년이 지난 지금 그분은 제주도에서 사진을 찍고 계신다. 친구 같은 까마귀쪽나무를 마음껏 만나며 어쩌면 까마귀쪽나무의 새로운 비밀을 더 알게 되셨을지도 모르겠다.

외로운 어린이 식물애호가

식물상담소를 찾아오는 어린이 식물애호가들이 꽤 있다. 전시를 열 때도 식물을 좋아하는 어린이를 생각보다 많이 만나게 되어 놀라곤 한다. 부모님이 아이의 취향을 알고 찾아오기도 하지만, 아이가 부모님을 졸라 찾아오기도 한다.

조그만 손으로 식물을 쓰다듬고 반짝이는 눈으로 그림을 구경하는 아이들을 보면 나도 모르게 웃음을 머금게 된다. 식물 그림을 보며 식물의 해부학적 구조와 독특한 생태를 이야기해줄 때면 가끔 아이가 이미 알고 있다고 말해 놀란다. 작은 손으로 야무지게 관찰하다가 혼자 알게 되었다는 것이다. 그림을 함께 그릴 때도 놓치기 쉬운 부분을 빠짐없이 그리기도 한다. 한번은 어떤 아이가 벚나무 잎을 그려 보여주었는데 잎자루에 있는 선점까지 정확히 묘사되어 있었다. 그곳에서 나오는 수액을 먹기 위해 주위를 서성이는 개미까지 말이다!

어느 책에서인가 여섯 살 이전에 아이가 자연을 충분히 접하지 못하면 평생 자연과 가까워지기 힘들다는 글을 읽었다. 그 시기를 놓치면 자신도 자연의 일부이고 자연과 이어져 있다는 걸 깨닫기 힘들기 때문이라 했다. 그 글을 읽고 어린이를 위한 자연 교육이 정말 중요하다고 느껴 어린이들을 만날 때면 각별히 관심이 간다. 식물상담소를 찾아 먼 길을 온 아이를 보면 미래에 식물학자가 될지도 모른다는 생각에 유심히 관찰하게 된다.

어린이를 위한 대중교육 프로그램에서 식물학자는 항상 동물학자에게 진다. 어린이들에게 식물이 인기가 없어 우리는 항상 쓸쓸했다. 물론 토양학자보다는 나은 편이라고 작은 위로를 하지만, 공룡을 연구하는 학자라도 등장하면 우리는 더욱 구석으로 밀려난다. 대대수 어린이는 움직이는 것을 좋아하기 때문에 식물이 심심하고 재미없다고 생각한다. 게다가 공룡이나 코끼리처럼 움직이면서 거대하기까지 하면 어린이들은 더욱 열광한다. 왜 식물을 좋아하는 아이가 이렇게 없을까 고민했는데 이런 고민은 어린이 식물애호가들의 고민이기도 한가 보다.

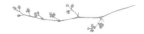

어머니: 아이가 "식물 좋아해."라고 친구들한테 이야기하고 다니는데, 친구들은 "움직이지도 못하는 그런 식물을 왜 좋아해? 심심해. 재미없잖아!" 하는 식으로 이야기하니까 속상해하더라고요. 식물이 좋은 이유를 친구들에게 이야기해주고 싶나 봐요.

선생님: '식물은 이러이러하니까 재밌어.'라고요? 저도 아주 어릴 때부터 식물을 좋아했는데 친구들은 동물을 더 좋아했어요. 아이들은 움직이는 걸 좋아하잖아요. 저는 식물도 굉장히 열심히 움직인다고 생각했는데 친구들 생각은 다르더라고요.

어린이: 친구들은 동물도 별로 안 좋아하고 로봇이나 게임 그런 거만 좋아해요.

선생님: 취향의 차이 아닐까요? 저는 어릴 때 시골에서 살았고 어머니가 식물을 많이 키우셔서 쉽게 접하고, 식물도감도 매일 보고, 아버지가 여행을 자주 데려가주

신 덕분에 다른 지역 식물도 자주 만나며 컸는데, 똑같은 상황에서 자란 오빠는 식물에 큰 관심이 없었어요. 무언가를 좋아하는 건 사람마다 다르고 타고나는 것도 있지 않을까요? 지금 친구랑 나랑은 이렇게 비슷하잖아요.

어머니: 아이가 친구들하고 공통 관심사가 없다는 게 외로운가 봐요.

선생님: 인생은 원래 외로운 건데? (웃음)

어린이: 모아온 씨앗을 친구들한테 나눠줬어요. 심어보라고. 싹을 틔우는 애들도 있긴 한데 안 심는 애도 있고, 관심 없는 애들은 다 버렸어요. 내 눈앞에서 확…….

어린이 상담자가 그저 귀여워서 인생은 원래 외로운 거라고 농담했지만, 눈앞에서 씨앗을 다 버린 친구로 인해 큰 상처를 받았다고 이야기하는 모습을 보니 생각보다 고민이 깊어 보였다. 나는 내가 어릴 때 어땠는지 곰곰이 생각해보고 내 이야기를 들려주었다.

학부 때 식물분류학실험실에 들어가기 전까지 내 주변에는 나처럼 식물을 좋아하는 친구는 없었다. 유치원 때 식물도감에서 사진으로만 보던 이질풀이 우리 집 옆 수로에서 갑자기 피어난 걸 발견했다. 뛸 듯이 기뻤지만 그

걸 친구에게 말한 적은 없다. 이미 그때부터 친구들이 식물에 관심이 없다는 걸 알고 있었던 것 같다. 초등학교 때 친구들과 고무줄, 공기놀이, 사방치기, 비석치기 같은 놀이로 정신없이 뛰어다니며 잘 어울렸지만, 그 친구들과 식물 이야기를 나눈 적은 없다. 어릴 때 시골에 내내 살았지만 시골이라고 해서 아이들이 식물을 좋아하는 건 아니었다. 가끔 농사짓는 친구네 집에 가서 작물이 거대하게 커 있는 모습을 보면 나는 환호했다. 그러나 친구는 심드렁했고 가을이면 부모님의 추수를 도와야 한다며 불만이었다. 그럴 때 나는 추수 때 꼭 나를 불러주었으면 했다.

내가 다니던 초등학교 운동장 구석에는 큰 뜰보리수가 있었다. 6월이면 빨간 열매가 가득 열려 아이들을 유혹하기에 충분했다. 한번은 동네 아이들이 몰려가 '열매를 먹을 수 있네, 없네'로 내기를 했다. 다 함께 하나씩 뜯어먹고 떫떠름한 뒷맛에 황급히 열매를 뱉었다. 먹을 수 없다고 주장한 아이들이 먹을 수 있다고 주장한 편에 면박을 주며 우르르 가버렸다. 나는 거기 혼자 남아서 뜰보리수의 잎과 열매에 붙은 반짝이는 비늘 같은 특이한 털을 관찰했다. 그러면서 계속 열매를 따 먹었다. 그 반짝이는 털들이 내 몸속으로 들어가는 것에 묘한 쾌감을 느끼면서.

나는 전학을 여러 번 다녔다. 학교가 바뀔 때마다 구석

구석 다니며 무슨 식물이 어디에 심겨 있는지 파악하는 걸 좋아했다. 중학생일 때는 식물마다 잎을 뜯어 냄새를 맡고 다녔는데 한번은 치약 냄새와 비슷한 향을 풍기는 나무를 발견했다. 학교 건물 끝 정원에 동그랗게 깎아놓은 나무는 초록색 잎만 무성해 별 특징이 없었다.

그러나 그 식물은 연한 풀냄새를 풍기는 다른 식물과는 향이 확연히 달랐다. 그때는 너무 큰 발견이었기 때문에 내가 식물애호가임을 숨길 수가 없었다. 친한 친구를 한 명씩 데려가서 잎을 뜯어 냄새를 맡아보라고 했다. 그때도 친구들은 크게 동요하지 않았다. 졸업하고 나서 알았지만 그건 월계수였다.

학교에는 교육을 위해 다양한 식물을 심는다. 내가 다닌 중학교에는 태산목도 있었고, 고등학교에는 후피향나무와 금목서도 있었는데 나중에 알게 되었지만 이런 나무들은 남쪽에서만 볼 수 있는 나무다. 따뜻한 기후에 자라는 나무라 위쪽 지방에 사는 학생들은 학교에서 이 나무들을 만날 수 없다. 다녔던 학교마다 샅샅이 무슨 식물이 있는지 알고 있었던 탓에 지방마다 학교에 다른 식물을 심으며, 그게 학생들에게 중요한 자산이 된다는 걸 깨달았다. 나중에 대학원에 가고 보니 지도교수님과 선배들이 식물 채집으로 지방에 가면 그 주변 초등학교의 식물을 살펴본다는 걸 알게 되었다. 학교엔 그 지방에 상징적인 식물들이 꽤 모여있기 때문이다.

오빠가 열심히 받아보던 어린이 과학잡지에서 나는 주로 생물 편을 읽었다. 한번은 식물의 감각에 대한 글이 있었다. 배롱나무를 간지럼나무라고도 부르는데 줄기를 간지럽히면 가지가 흔들리며 간지럼을 탄다는 설이 있다며 글이 시작되었다. 나는 학교에 가서 친구 몇 명을 불러놓고 배롱나무 줄기를 간지럽혔다. 가지가 흔들렸다. 하지만 내가 간지럽히지 않아도 가지는 바람에 똑같이 흔들렸다. 친구들이 놀렸지만 내가 원래 약간은 이상하다는 걸 알았다는 듯 곧 크게 개의치 않았다.

고등학생일 때 자주 다니던 강변 산책길에서 강물 위에 솟아난 이상한 풀을 발견한 적이 있다. 그 풀은 줄기가 아닌 잎 중간에 열매가 달려 있었고 이제껏 보지 못한 이상한 형태였다. 그때까지 꽃과 열매는 무조건 줄기 끝에 달려야 한다고 생각했기 때문에 너무 신기했다. 자세히 보고 싶었으나 풀을 가까이서 보려면 강물 속으로 꽤 들어가야 했다. 나는 운동화를 신은 채 그대로 물속으로 들어가 그 풀을 가져왔다. 그건 사초과에 속하는 올챙이고랭이였다. 이번에도 참을 수 없어 어머니께 설명했다. 식물애호가이신 어머니가 잠시 호응해주셨지만, 나처럼 대단한 발견이라 생각하진 않으셨다.

지금도 집에서 새벽에 현미경을 보다 무언가를 발견하면 환희에 찬다. 그러나 이젠 정말 잘 알고 있다. 이런 발견을 똑같이 호응해줄 사람이 거의 없다는 것을. 게다가 새벽엔 정말 아무도 없다. 그래서 키우는 고양이에게 설명한다. 덕분에 내 고양이들은 정말 흔치 않은 식물학적 지식을 가지고 있다. 내색은 하지 않지만 말이다.

나는 어린이 상담자에게 그런 외롭지만 즐거운 시절을 지나 대학교에 가서 식물분류학실험실에 들어가고, 학회에 가니 드디어 나와 비슷한 사람들을 만났다고 이야기했다. 그러니 9년을 잘 기다리면 꼭 함께할 사람을 만날 수 있을 거라고 했다. 어린이 상담자는 최근 서울을 떠나 군산으로 이사한 것도 외로움이 큰 이유였다. 나는 지금까지 아쉬운 점 중 하나가 한 번도 바닷가에 살아보지 못한 것이다. 바닷가에서만 볼 수 있는 식물이 있는데 군산에 사는 상담자가 부럽다고도 이야기해주었다.

혼자만 좋아하는 무언가가 있다는 건 행운일지도 모른다. 당장은 함께 좋아할 사람이 없어 외로울 수 있지만 그 길을 꿋꿋이 가다 보면 어디선가 나와 같은 사람을 만나게 된다. 시간이 흘러 좋아하는 것에 대한 경험과 지식이 풍부해지면 나는 그것을 나눠주는 사람도 될 수 있다. 그런 때 만나는 사람들은 또 다른 모습의 큰 기쁨과 즐거움이다. 좋아하는 것을 붙잡고 가는 건 특별한 꿈을 이루는 지름길이기도 하지 않을까?

검은별고사리 *Cyclosorus interruptus*

자신에게 맞는 자리에서
크고 멋지게 자라는 열대식물처럼
우리도 각자 맞는 자리에서
멋진 열매를 맺고
꽃을 피울 수 있는 것 아닐까요?

다양하니까
깊어질 수 있는 것

　　'생물다양성'이란 지구에 사는 종의 다양
성만을 말하지 않는다. 생태계 수준에서의 다양성과 유전
적 다양성도 포함한다. 다양성은 자연을 튼튼하게 한다.
다양한 지위는 서로를 이어주어 생태계를 촘촘하게 만든
다. 건강한 세포를 촘촘하게 가진 견고한 나무가 건강한
자연이라면, 감염되고 듬성듬성 썩어 쓰러지기 쉬운 나무
는 연결고리들이 빠진 자연과 비슷하다. 전체가 한꺼번에
깨어지기 쉬운 상태다.

　자연처럼 우리 사회를 튼튼하게 하는 것도 다양성일

것이다. 그런데 인간 세상에서 다양성이 만들어지는 과정
엔 생각보다 어려운 점이 많다. 일률적인 것을 요구하는
사회에서 다양성을 만들어내고 인정받기란 쉽지 않기 때
문이다.

대안학교를 졸업했거나, 현재 다니거나, 혹은 그런 자
녀를 둔 부모님을 식물상담소에서 여럿 만났다. 이런 분
들은 기존의 학교를 벗어나 교육의 다양성을 높이는 데
동참했다고도 할 수 있다. 새로운 것에 도전하고 다수가
경험할 수 없는 걸 얻는 것은 좋은 일이지만 그 고충도
꽤나 커 보였다.

어느 날 농업 대안학교를 졸업한 상담자가 찾아왔다.
졸업하고 관련된 일을 하다가 스물여섯 살인 지금은 방송
통신대 농학과를 다니고 있었다. 상담자는 비인가 대안학
교를 나와 검정고시를 쳤다. 학교를 선택할 당시에는 농
사에 대한 확고한 마음이 있었고 지금도 관련 일을 좋아
했다. 일반 학교에서 배울 수 없는 멋진 일을 배우신 것
같았다.

그러다 대학에서 배우고 싶은 공부가 생겼다. 가장 좋
은 방법은 대학에 들어가는 거라 생각했지만 수능을 쳐야
해서 엄두가 나지 않았다. 수능은 누구에게나 긴장되는
시험이고 다수의 학생이 대학에 입학하기 위해 치르는 시

험이다. 그러나 상담자와 대화하며 일반 고등학교에 다니면 당연한 통과의례처럼 치르는 시험이 누군가에게는 쉽게 넘볼 수 없는 견고하고 높은 장벽이라는 사실을 새삼 깨달았다.

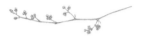

상담자: 박사님은 어떤 꿈을 더 가지고 계세요?

선생님: 과학과 미술이 융합된 분야를 배우고 싶은 분들이 저를 많이 찾아오세요. 근데 정작 이 학문이 자리 잡은 국내 대학이 없어서 전공하고 싶은 학생들에게 길을 알려드리기 힘드네요. 이 학문에 대한 역사나 개념도 잘 알려지지 않아서 혹여 잘못된 인식이 생길까 봐 걱정도 되고요. 외국처럼 대학 전공이나 교과목이 생겨야 될 텐데 쉽지가 않네요.

상담자: 과학 일러스트레이션 전공이요?

선생님: 그림뿐만 아니라 융합 분야는 굉장히 깊고 넓어요. 생물별로도 있고, 의학 쪽도 많이 발전해 있고, 3D 조형 작업, 지도 제작, 과거 자료를 이용해 예측한 모형이나 모델 등 배울 게 많아요. 과학적 공부를 깊이 있게 하고 그걸 표현하려면 융합 과정이 필요한데 외국처럼

학부나 대학원에 학과가 없어요. 하다못해 교과목이라도 한두 개 있으면 좋은데 그것도 없네요. 잠재력이 있는 똑똑한 학생이 찾아와도 국내에 배울 곳이 없어 외국 대학을 추천해 드려요. 그럼 학생들에게 꽤 제약이 있겠죠. 그게 아쉽네요. 그렇다고 제가 식물연구를 내려두고 시간을 거기에 다 쏟아부을 수도 없고요.

식물상담소에는 과학과 미술을 융합한 교육을 받고 싶은데 방향을 모르겠다며 질문하는 상담자도 많이 찾아왔다. 취미로 하는 그림이 아닌 대학교 전공 정도의 전문적 공부를 원하는 것이었다. 과학적 지식부터 첨단 기술로 표현하는 방법까지 익힐 수 있는 융합 분야가 국내에 없어 안타까웠다. 식물 분야라도 혼자 수업을 진행해볼까 하여 꽤 전문적인 내용을 담아 1년짜리 수업도 열어보았지만 1년이라는 짧은 시간 내에 할 수 있는 일이 아니란 걸 깨달았다.

학부 때 들었던 동물해부학이나 식물형태학 수업에는 생물을 조금 더 잘 이해하기 위해 과학 도해를 그리는 과정이 있었다. 지도교수님 세대에는 형태학적 연구가 지금보다 활발해 도해 수업이 더 많았다. 그러나 요즘은 대학에서 생물채집이나 과학 도해 수업이 거의 없어진 것 같다. 생물학과 학생들에게 그림이 어려운 일이더라도 이 분야는 과학이 우선되어야 하는 것이라 생물학과 내에 수업이 있어 좋은 일이라 생각했었다.

가장 좋은 방법은 전문적인 융합 과정이 생기는 것이다. 이 융합 분야를 우리나라 대학 내에 만들 수 없을까 고민하여 가까운 교수님들께 여쭤보았는데 기존의 대학 구조에서는 참 어려운 일이라는 걸 깨달았다. 결국 가장 빠른 방법은 조그만 연구소나 학교를 짓는 게 아닐까 싶다. 그러나 정말 쉽지 않을 것이다. 어느 교수님은 십자가를 지는 일이라고 하실 정도였으니까. 교육과 학문의 다양성이 있어야 사회도 더 다양해지고 다각도로 발전할 텐데 새로운 공간을 만드는 것이 그토록 어려운 일이라니.

논문을 쓰면서도 다양성의 중요성에 대해 생각한다. 한번은 식물학 석사를 마친 어떤 상담자가 '과학자에게 꾼과 프로란 무엇일까?'라는 질문을 던졌다. 유행하는 분야의 연구 자금이 높으면 아무리 하기 싫은 연구라도 아무 말 없이 하는 선배들을 보면서 '이런 사람들이야말로 프로 연구자인 걸까?' 하고 생각했다는 것이다. 그러면서도 다른 한편으로는 '단순히 연구 자금을 받기 위한 일이니 꾼이라 해야 하는 걸까?' 하는 생각도 들었다고 한다.

나는 다양한 주제로 논문을 내는 연구자가 프로라고 생각한다. 논문을 많이 쓰지 않은 신진연구자가 자신이 실험하고 분석한 분야 외에 새로운 분야의 논문을 쓰기란 참 어려운 일이다. 전 세계에서 쏟아지는 자신의 분야 논문을 빠짐없이 찾아 읽고 거기에서 아직 밝혀지지 않은 결과를 한 발짝 내딛어 발표하는 게 논문이다. 이제 막 발을 내디딘 연구자가 새로운 실험과 분석을 익히고 지금까지 출판된 다른 분야 논문을 모두 찾아 읽은 후 거기에서 새로운 내용으로 논문을 쓰는 일이란 무척 힘들다.

나는 논문을 많이 쓴 학자를 보면 논문 목록을 찾아본다. 이 연구자가 비슷한 실험이나 분석 방법으로 약간의 재료와 분량만 다르게 쓴 여러 논문을 출판했는지, 다양한 분야의 논문을 썼는지 살펴본다. 다양한 논문을 썼더라도 다른 분야 연구자의 실험에 협력한 것인지, 혹은 주도적으로 썼는지도 말이다. 자신의 주력 분야가 아닌 분야로 다양한 논문을 계속 주도적으로 출판하는 학자가 참 대단하다 느껴진다. 간혹 그런 학자 중에는 두 분야를 통합해 아무도 쓰지 않은 아주 창의적인 논문을 쓰기도 하고 새로운 학문을 만들어내기도 한다.

미국에 있을 때 선임연구관이셨던 데니스 위검[Dennis Whigham] 박사님이 그런 분이셨다. 한번은 그분이 내게 연구원 일정을 마치면 무엇을 할 계획이냐고 물어보셨다. 나는 고민하며 내가 너무 다양한 분야에 관심과 호기심이 많아 걱정이라고 말씀드렸다. 하나를 깊게 평생 연구한 학자들처럼 한 분야를 계속할 수 있을지 고민이라고 말이다. 여러 분야에 관심을 가지는 내가 걱정스럽다는 말은 한국에서 주변 분들에게 자주 들었기 때문이다.

그런데 의외의 대답을 들었다. 데니스 박사님은 "나도 그래."라고 명쾌하게 말씀하셨다. 본인도 너무 다양한 것에 관심이 많아서 자신이 출판한 논문을 보면 주력 연구 분야가 어디인지 이상하게 여겨질 거라고 하셨다. 데니스 박사님은 일반 사람들이 꽃의 복잡한 구조를 이해하기 쉽도록 미술 작가와 협업해 종이꽃 만들기 프로젝트도 진행하고 계셨다. 종이에 인쇄된 바코드를 휴대전화로 찍으면 과학적 내용으로 바로 연결되는 홈페이지도 실험실 사람들과 함께 만들고 있었다. 새롭고 다양한 시도를 주저하지 않고 서슴없이 하시는 모습이 대단하고 멋져 보였다. 오케스트라 공연이 열리면 빼놓지 않고 찾아가실 정도로 음악에 대한 조예도 깊으셨다. 넓은 관심 분야와 다양한 시도가 그분의 연구를 더 깊이 있게 만드는 것이리라. 그러면서 내게 여러 가지에 호기심을 가지고 다양한 일을 하고 싶은 건 좋은 것이니 걱정하지 말라 하셨다.

물론 나 같은 신진연구자는 한창 깊이 있게 연구하고 많은 논문을 쓸 때이기도 하다. 열심히 한길을 가고 있는 동료들을 지켜보면 괜스레 나도 흐뭇하다. 농담 반 진담 반으로 '대학자님'이라고 부르며 응원하기도 한다. 그에 비하면 나는 주변과 사람들에 호기심과 관심이 많다. 그래서 미래에 뛰어난 학자는 되지 못할 것 같다는 생각도 든다.

그러나 괜찮다. 나는 뛰어난 학자가 되고 싶은 것이 아니라 즐거운 일, 행복한 일을 하는 것이 좋으니까. 식물학자가 되고 싶었던 것이 아니라 식물 공부가 좋았던 것이고, 화가가 되고 싶었던 것이 아니라 그리는 것이 좋았던 것이다. 그리고 내가 좋아하는 일이 좀 다양할 뿐이다.

수백 년을 산
당산나무에게 배우는 것

"식물은 당신에게 어떤 존재인가요?"

식물상담소를 찾아오는 분들에게 식물은 당신에게 어떤 존재냐고 종종 물어본다. 식물상담소를 찾아온 만큼 식물을 좋아하는 분이 많아서 답변은 대개 긍정적이다. "치유의 감정을 느껴요.", "초록색이 좋아요.", "꽃이 피면 너무 사랑스러워요."라는 답이 있는가 하면 더 나아가서는 "언제든지 나에게 주기만 하는 존재요.", "그냥 그 자체로 완벽하고 행복한 존재예요."라는 대답도 있다.

평소 식물에 별로 관심이 없던 사람도 식물상담소를

찾을 때가 있다. 그분에게 같은 질문을 하면 깊이 생각해 본 적이 없다거나, 심지어는 배경처럼 여겨진다는 대답도 한다. 나무가 전봇대와 크게 다르지 않다는 답을 들은 적도 있는데 그때는 적잖은 충격이었다.

'자연'이라는 단어 자체에 대해서는 부정적인 시각이 없지만 실제로 식물이나 동물을 접하면 매우 싫어하는 사람도 꽤 있다. 식물을 보고 "가까이 가면 알레르기가 생길 것 같아요."라는 반응도 있고, 특히 곤충을 무서워하거나 싫어하는 이는 하나같이 곤충을 '벌레'라고 부른다. 이런 이들에겐 자연에 대해 '더럽다', '위험하다', '불편하다'라는 생각이 지배적인 것 같다.

식물상담소에 대학생 또래의 두 상담자가 나란히 앉았다. 친구라고 소개한 두 사람은 자라며 식물을 접해온 환경은 달랐지만 평소 식물을 친숙하게 느끼지는 않는 것 같았다. 한 명은 식물애호가인 아버지 밑에서 자연스레 식물을 접했으나 식물에 관심이 없다가 최근에 조금 관심이 생겼다고 했다. 다른 한 명은 식물에 아무런 관심이 없는데 친구를 따라왔다.

나는 이 상담자들이 식물을 어떤 존재로 생각하는지 궁금했다. 그리고 한번 깊이 생각해보길 바라서 식물이라는 존재, 식물의 입장을 함께 이야기해보았다.

처음에 상담자는 식물은 '기계적인 존재' 같다고 했다. 햇빛과 물이 있고 영양분이 풍부해 환경이 좋으면 잎을 펼치고 뿌리를 뻗어나가며, 환경이 좋지 않으면 움츠러들었다가, 또 기회가 생기면 다시 자라나는 단순함 때문에 그렇게 느낀다는 것이다. 그래서 줄기를 자르거나 썰어도 괴롭지 않고, 큰 나무의 가지를 꺾을 때도 마치 머리카락이나 손톱을 자르는 것과 같은 기분을 느낀다고 했다.

식물의 섬세한 형태와 정교한 생존 전략을 보며 나는 한 번도 식물이 기계 같다고 생각해본 적이 없어 대답을 듣고 놀랐다. 물론 인간보다 오랜 수명을 가진 나무를 보면 좋은 환경에서 세포를 계속 늘려온 것이니 그런 생각도 할 수 있겠다. 그러나 언제든 만들어낼 수 있는 무생물인 기계와 달리 매년 사라져 다시 만날 수 없는 멸종위기 식물을 걱정하는 나에게는 슬픈 답변이었다.

나는 상담소에 있는 화분을 가리키며 만약 저 식물이 '뿌리를 뻗기에 화분이 비좁아, 고통스러워.', '꽃을 피우려면 양분이 필요한데 왜 주인이 안 줄까?', '햇빛이 강해야 하는데 30년 동안 기다려도 충분한 햇빛을 받지 못했어.'라고 느끼고 있다면 어떠냐고 물어보았다. 상담자는 식물의 감정에 대해 한 번도 생각해보지 않았는데 너무 마음이 아파진다고 말했다.

대화를 가만히 듣고만 있던 식물에 관심이 없는 상담자가 걱정스러운 표정으로 물었다. 아직 밝혀지지 않은 식물의 고통 감각이 있어 '나 지금까지 너무 아팠어.' 하면 어쩌냐고 걱정했다. 식물이 살아 있는 생물이라는 걸 생각해보자고 꺼낸 이야기였는데 상담자들에게 괜한 걱정을 안겨주었나 싶었다.

학생 때부터 친하게 지내온 박사님이 있다. 다른 대학 식물분류학 실험실 선배였는데 프로젝트도 같이 하고 채집도 함께 다니며 학회에서도 자주 만나니 친해졌다. 무엇보다 그 박사님은 학생 때부터 사교성이 좋고 재미있었다. 가끔 우리 실험실에 놀러 와 식물 채집 여행을 갔다가 일어난 엉뚱한 사건을 신나게 얘기해 실험실 사람들을 웃게 만들곤 했다.

한번은 당산나무를 채집하는 이야기가 나왔다. 마을 입구의 오래된 당산나무는 마을을 지키는 수호신처럼 신격화된 나무다. 마을에서 중히 여기는 민속 신앙적 의미가 아니더라도 식물학적으로 중요한 개체들이다. 오랜 수령으로 보호수로 지정된 경우가 많은데 전쟁이 잦던 우리나라에는 고목이 흔치 않아 식물학적 연구와 조사에 좋은 자료가 된다. 당산나무로 지역마다 다른 나무가 키워지는 것도 주목할 점이다. 흔히 볼 수 있는 느티나무 외에도 은행나무, 팽나무, 감나무, 이팝나무 등 수종이 다양하고 남쪽으로 가면 녹나무, 후박나무, 동백나무 같은 난대성 나무도 만날 수 있다.

이런 이유로 당산나무를 조사하거나 채집해야 하는 경우가 있는데 내가 아는 식물학자들은 하나같이 당산나무 채집을 꺼린다. 풀처럼 뿌리를 완전히 뽑아서 죽이는 것도 아니고, 큰 나무에서 잔가지를 자르는 정도인데도 주저한다. 미신이지만 당산나무를 베거나 해를 가하면 화를 당한다는 괴담이 있기 때문이다. 식물학자는 과학자이니 그런 미신에 크게 개의치 않을 것 같지만 사실 신경이 쓰인다. 서로 채집을 미루기도 한다.

어느 날 그 박사님도 동료들과 잔뜩 염려하며 당산나무를 채집했다. 그런데 그 이후가 순탄치 않았다. 박사님과 동료들이 돌아오는 길에 겪은 사건 사고를 늘어놓았는데 얼마나 웃었는지 모른다. 실험실 사람들에게 '운수 좋은 날'이었다는 것이다. 나는 웃으면서도 "역시, 당산나무는 조심해야 해요."라고 말했다.

아까시나무는 흔히 아카시아라고 불리며 한때 헐벗은 산을 빠르게 조림하고 꿀을 얻기 위해 선호하는 나무였다. 그러나 지금은 지나치게 끈질긴 생명력을 가진 외래종이라는 부정적 시선도 많다. 나는 보호해야 할 나무를 위해 베어낼 나무를 분류하는 작업에 참여한 적이 있다. 그때 산에서 거대한 아까시나무를 만났다. 고목이었지만 외래종이고 다른 나무의 생장을 방해한다는 생각에 베어낼 나무로 분류해 붉은 띠를 둘렀다.

띠를 두르고 돌아서는데 이상하게 등골이 오싹했다. 그때 뒤따라온 선배가 오래된 나무를 베어내는 건 너무하다며 붉은 띠를 풀어주었다. 큰 나무를 보면 아까시나무 생각이 난다. 이상하게 선배가 나를 구해주었다는 생각이 든다. 그 붉은 띠를 풀어주지 않았다면 내내 죄책감과 두려움에 시달렸을 것 같다.

선생님: 신령이라 해야 할까요? 식물의 영혼을 느끼게 되는 순간이 있어요. 저는 자연과학자라 이런 표현이 적합하지 않은 걸 알지만 그런 생각이 자꾸 들어요.

상담자: 아까 식물이 어떤 존재냐고 질문하셨을 때, 사실 신성하다는 생각이 먼저 들었는데, 부적절한 표현 같아서 말 안 했거든요. 지금 이야기를 들으니까 신성하다는 말이 가장 잘 어울리네요. 한편으로는 조금 오싹한

기분도 들고요.

선생님: 식물 채집을 가면 그런 기분을 종종 느껴요.

상담자: 만약에 정말 식물이 신성한 것이라면 화분에 심어 집에 두는 건 성모 마리아 조각상을 집에 두는 것과 비슷할까요? 앞으로 식물한테 잘해줘야겠어요.

"분명 좋아서 하는 건 맞는데,
학회 때와 같은 일이 있을 때마다 막 불안한 마음이 들어요.
내가 너무 외길로 가고 있나 싶어
그게 고민이에요."

갯까치수염 *Lysimachia mauritiana*

3부

내일을 준비하는
식물이 가르쳐준 것들

겨우내 준비해
피어나는 꽃처럼

　　　식물과 별로 친하지 않은 사람의 흥미를 끌 수 있는 가장 좋은 방법은 작물 이야기를 나누는 것이다. 나는 야생식물을 연구하고 있어 그들의 숨겨진 이야기를 소개하고 싶지만, 야생식물을 본 적도 없는 사람에겐 크게 와닿지 않는다. 그래서 우리가 늘 먹는 곡식, 채소, 과일처럼 누구나 아는 작물을 예로 들어 식물 이야기를 풀어간다.

　　작물만 살펴보아도 재미있는 이야기가 많다. 작물의 원산지, 기원이 되는 야생종, 더 맛있고 풍부하게 만들기 위해 행해진 농업 기술, 식물로 변화된 인류의 역사를 살펴보는 것이다. 또, 사람들은 대게 상품으로 판매되는 작물의 특정 부분만 알고 있어서 그 뒤에 숨겨진 식물학적인 지식을 전하는 것도 좋아한다. 예를 들면 매일같이 쌀을 먹어도 벼의 꽃을 본 사람은 드물기 때문이다.

선생님: 우리가 먹는 쌀이 벼예요. 벼가 어떻게 크는지 본 적 있어요?

어린이1: 논에서 봤어요.

선생님: 그럼 벼에 꽃이 피는 걸 봤어요?

어린이2: 아니요. 벼꽃은 못 봤어요.

선생님: 벼에도 꽃이 펴요. 이 꽃병에 있는 식물이 벼와 비슷한 종류예요. 이거 보여요? 노란색?

어린이3: 우와. 이게 뭐지?

선생님: 그게 수술이에요. 벼도 이런 모양으로 꽃이 펴요.

어린이3: 이 쪼끄마한 하나하나가 꽃인 거죠?

선생님: 네, 하나하나가 꽃이에요. 그 안에 있는 알맹이가 커져서 쌀알처럼 되는 거예요. 이 노란색은 수술이고, 여기 나온 거 있죠? 그게 암술이에요.

어린이3: 우와. 이 하얀색이 암술이라고요? 신기하다!

끝없이 펼쳐진 김해평야 위에 산 적이 있다. 집 주변은 모두 평평한 논이어서 문밖으로 나가면 곧바로 너른 논과 물을 대기 위한 크고 작은 수로, 조각보처럼 논을 경계 짓는 논두렁을 만날 수 있었다. 사방을 둘러보아도 거칠 게 없어 혼자 서 있을 때면 환상적인 느낌이었다. 멀리서만 바라보면 논은 비어 있거나 초록색 혹은 황금색으로 덮여 있는 정적인 모습이지만, 논 위에 살면 논이 시시각각 끊임없이 변하는 역동적인 장소라는 걸 안다.

물이 들어왔다 빠졌다 하고, 모내기가 시작되면 연두색이 흙 위를 일사불란하게 점령해간다. 벼가 꽃을 피울 때면 그 너른 논이 모두 꽃밭이라는 걸 알았고, 황금색으로 출렁이기 시작할 때는 낟알이 얼마큼 단단해져야 농부가 결단을 내리는지 지켜보았다. 평야 위로 먹구름이 하늘 가득 흘러 갑작스레 어두워진 어느 날, 나는 그 구름을 구경하러 논으로 나갔다. 큰 수로 옆으로 트랙터가 지나다닐 수 있는 넓은 논두렁이 있었는데 거기에 서서 양옆으로 펼쳐진 장관을 만났다. 그것은 고흐의 「까마귀가 나는 밀밭」 그림보다 더 굉장했다. 까마귀와 까치가 막 추수를 마친 논 위에 새까맣게 앉아 있었다. 히치콕 감독의 영화

「새」 속 한 장면처럼 무서웠는데, 나의 등장으로 일제히 날아오른 새들은 먹구름을 완전히 까맣게 덮었다. 떨어진 낱알을 주워 먹는 동물들의 잔치도 끝나고 나면 농부는 짧게 잘려 바싹 마른 벼 그루터기를 태웠다. 불은 물감이 번지듯 낮게 영역을 넓혀 타들어갔는데 그 불의 이동에 따라 연기도 피어올랐다. 사계절 동안 끊임없이 생장하는 벼와 그런 벼를 부지런히 돌보는 농부의 노력을 보며 벼는 내게 먹는 곡물이기 이전에 꽃을 피우고 열매를 맺는 식물이었다.

벼처럼 작물은 모두 상품으로 팔기 위해 대단히 다듬어져 있다. 뿌리 작물은 잔뿌리가 바싹 깎아 몸통만 남기고, 과일은 정해진 형태로 꼭지를 자르며, 잎채소는 누런 잎을 모두 떼어낸다. 브로콜리는 수많은 꽃봉오리의 집합이지만 그 많은 봉오리 중에 꽃이 핀 한 송이를 발견하기 힘들고, 마늘종은 꽃 아래에 있는 꽃대로 꽃 머리를 모두 잘라놓은 것이다. 그러나 크게 눈에 띄지 않거나 먹어도 상관없는 경우 다듬지 않은 작은 조직과 흔적으로 작물은 자신이 식물임을 드러내고 있다.

그런 예로 종종 딸기를 설명한다. 딸기는 장미과에 속하는 식물로 열매의 구조가 특이하다. 우리가 먹는 딸기 과육은 정확히 화탁receptacle이라는 조직인데 이것은 꽃잎,

암술, 수술 등 꽃을 구성하는 요소들이 달라붙는 부과조직이다. 이 화탁이 육질성으로 부풀어 오른 것을 우리가 먹는다. 빨간 과육에 붙은 초록색은 꽃받침이 남은 것인데 그 초록색 덮개를 뒤집어 안쪽에 과육과 접한 면을 살피면 여러 개의 수술이 빙 둘러 남아 있는 것을 알 수 있다. 딸기에서 씨라고 부르는 것 하나하나가 열매인데 그것을 돋보기로 보면 작은 털 같은 게 하나씩 달려 있다. 이것은 암술이 남아 있는 것이다. 관찰 수업에서 이런 딸기의 식물형태학적 구조를 설명해주면 사과나 복숭아보다 씨앗은 많지만 똑같이 먹을 수 있는 열매, 과육 정도로 딸기를 생각한 사람들은 하나같이 충격적이라고 말한다.

씨앗을 맺는 식물이라면 모두 꽃이 핀다. 그보다 원시적인 고사리나 이끼류는 포자를 만든다. 식물이라면 이런 생활상을 벗어나지 않는다. 작물도 식물이니 당연하다. 작물의 식물학적 특성을 설명할 때면, 사람들이 매일 먹는 벼의 꽃을 궁금해하지 않는 것이, 다른 과일과 생김새가 다른 딸기의 구조를 궁금해하지 않는 것이 오히려 신기하다.

『식물학자의 노트』라는 책을 출판하고 라디오에 출연한 적이 몇 번 있다. 한번은 라디오 DJ가 방송이 끝나고 개인적으로 책에서 겨울눈 내용이 기억에 남는다고 이야기했다. 봄에 갑자기 꽃이 생기는 것이 아니라 겨우내 준비해 꽃을 피우는 것이 인상 깊었다고. 식물의 성장 과정과 끊임없는 변화를 안다면 식물의 계획과 오랜 준비는 자연스러운 일이다. 식물의 입장에서 성장이 지연된 겨울이 지나자마자 급히 꽃을 등장시키는 건 불가능한 일일 것이다. 겨울눈은 늦여름부터 만들어진다. 겨울눈을 잘라보면 이미 내년에 피울 꽃과 잎을 작지만 완벽하게 만들어놓은 상태다. 봄에 환상적으로 홀연 등장한 듯 보이지만 꽃은 아주 오랜 시간 준비한 노력의 결과다.

과학자의 실험은 몇 년이 걸릴 때도, 몇십 년이 걸릴 때도 있다. 신입생이 들어와 처음 DNA 증폭 실험을 하면 실패하는 일이 잦다. 섬세한 손기술이 없어서, 어떤 단계를 빠뜨려서, 조건을 맞추지 못해서 등 그 이유는 다양하다.

기다렸던 식물이 아닌 호모 사피엔스 DNA가 검출될 때가 있는데 그럴 때면 선배들이 식물 실험실에서 왜 인간 DNA가 나오냐며 놀렸다. 그러나 이런 초보자의 우스운 실패도 거듭되면 의기소침해지기 마련이다. 게다가 점점 복잡한 실험과 분석을 이어가다 보면 실험의 실패가 어디에서 일어난 것인지 원인을 찾지 못해 큰 좌절을 맛보기도 한다.

새로운 연구 결과를 처음 발표하는 게 논문이기에 논문을 쓰는 모든 과학자는 일종의 개척자다. 그래서 실험의 실패 원인을 누구도 찾아줄 수 없을 때가 많다. 그럴 때는 또 한참 실험과 관련된 분야의 논문을 읽고 조건을 바꿔 새로 시도해야 한다. 문제를 해결하겠다는 집요함과 창의성이 없다면 실험은 계속 실패한다. 꼼꼼히 실험 과정을 기록해두지 않으면 실수가 반복되기도 한다. 시간이 흐르면 어느 순간부터 지극히 냉철해져서 실험의 실패에 크게 개의치 않고 흔들리지 않는다. 그렇게 좌절하지 않는 초월의 단계까지 이르러 모든 데이터가 얻어지고 논문이 완성된다. 과학자의 좌절은 논문에 적혀 있지 않지만, 논문을 보면 과학자의 길고 고된 노력이 보인다.

아마 과학이 아닌 어떤 분야라도 그럴 것이다. 끊임없이 생장하고 준비하는 식물처럼, 또 그에 맞춰 계획하고 움직이는 농부처럼, 아무것도 저절로, 갑자기 등장하거나 이루어지지는 않을 것이다.

섬백리향 *Thymus quinquecostatus* var. *magnus*

끊임없이 생장하고 준비하는 식물처럼
그에 맞춰 계획하고 움직이는 농부처럼
갑자기 등장하거나 이루어지는 것은 없을 것입니다.

그래도 노력하고 싶은
채식주의자

세계 인구 성장 그래프를 보면 1800년대 이후부터 그래프의 곡선이 가파르게 올라간다. 폭발적으로 증가한 인구를 먹여 살리려고 인간은 얼마나 많은 작물을 키워내고 있을까. 인간의 생존과 밀접하게 관계된 이 식물들은 환경에 잘 견디고, 생산량이 풍부하며, 맛은 더 좋도록 고도로 개량되었다.

세계 3대 식량 작물은 옥수수, 쌀, 밀이다. 수많은 개체가 육지 표면을 덮고 있으니 어떤 관점에서 보면 이들은 지구에서 참 성공한 종들이라는 이야기도 있다. 인간의 통제 아래지만 지구 전체 생물 종 가운데 많은 자손을 번식시키는 데 성공했으니까.

인간은 생존을 위한 최소한의 작물만 키우는가 하면 그렇지도 않다. 맛있는 것에도 관심이 높다. 이런 관점에서 보면 인간에게 맛있다면 그 종은 지구에서 더 성공하기 쉬울 것이다. 아보카도처럼.

상담자: 저는 초등학교 2학년 때부터 고기를 안 먹었어요. 특별한 이유는 없어요. 어릴 때는 동물 보호 같은 일에 관심도 없었고요. 우연히 초등학교 2학년 때쯤 텔레비전에서 돼지고기 파동 뉴스를 보다가 문득 "나 이제부터 고기 안 먹을래."라고 과감하게 선언했고 그다음부턴 한 번도 안 먹었어요. 급식 반찬을 남기면 안 되던 시절이라 고기가 나오면 먹는 척하고 뱉었다가 몰래 버렸어요.

선생님: 특이한 어린이였네요.

상담자: 그때부터 지금까지 30년 가까이 채식을 하고 있어요. 그런데 식물도 살아 있단 생각에 채식을 하면서도 마음이 무거울 때가 있어요. 식물에 감사하는 마음

이 드는 동시에 '내가 식물을 위해 뭔가를 할 수 있을까? 최소한 뭘 할 수 있고, 하지 말아야 할까?' 생각하게 되는 거죠.

선생님: 저도 제 나름의 노력을 하지만 욕심을 다 비우진 못하니 포기할 수 없는 것이 많아요.

상담자: 남편이 어느 날 저한테 "아보카도는 먹으면 안 돼." 이러는 거예요. 아보카도 농장 문제가 심각하다는 거죠. 그래서 제가 짜증을 냈어요. 왜 나한테 그런 말을 하냐고, 알고 싶지 않은 걸 알려줘서 왜 아보카도까지 못 먹게 하냐고 그랬어요. '아보카도를 먹어도 될까?' 이런 생각까지 하게 될 때면 내가 너무 과한 건 아닐까, 극단적인 건 아닐까 염려도 돼요.

선생님: 왜 알려준 거야! (웃음) 저는 과하다고 생각하진 않아요. 에휴, 아보카도가 너무 맛있어서 원망스럽죠. 고기에 대해선 그런 생각 없으셨어요? 고기가 맛있어서 실천을 못 하는 사람이 대부분이잖아요.

상담자: 너무 어릴 때부터 고기를 안 먹어서 고기 맛을 모르는 거예요. 그래서 고기가 먹고 싶다고 생각해본 적이 한 번도 없었죠. 근데 아보카도는 이미 맛을 알고 있어서 너무 슬픈 거죠. 이런 것들을 고민하고 사는 게 어처구니없기도 하면서, 그래도······.

아보카도를 재배하는 데는 다른 작물보다 많은 양의 물이 필요해서 물 부족 문제를 부추긴다. 수출을 통해 큰 돈이 되는 아보카도 때문에 잦은 이권 다툼이 발생하고 지나친 농장 확대로 생태계 파괴도 심각하다. 이런 문제들이 널리 알려져 있으나 여전히 아보카도를 먹지 않겠다고 선언하는 사람보다는 아보카도 맛에 눈을 뜨는 사람이 많은 것 같다.

미국에서 공부하게 되었을 때 좋았던 것 중 하나는 한국에서는 비싸서 쉽게 못 사 먹던 과일을 미국에서는 저렴한 가격에 맘껏 먹을 수 있다는 것이었다. 그런 과일 중 하나가 아보카도였다. 그러나 나는 상담자처럼 아보카도가 가진 문제를 익히 알고 있어서 아보카도를 보거나 먹을 때 마음이 편치 않았다. 결국 아보카도를 실컷 먹지는 못했다.

8년 전에 영국에서 아주 엄격한 비건을 만난 적이 있다. 스코틀랜드에서 공부하는 귀여운 학생이었는데 런던에서 같은 게스트하우스에 머물게 되었다. 가족이 모두 엄격한 비건이어서 어릴 때부터 비건으로 자랐고 불을 가한 조리도 거의 하지 않는다고 했다. 저녁에 게스트하우스 사람들이 자연스레 식탁에 모여 앉게 되었는데 그 학생은 대화를 나누는 동안 봉지 한가득 담긴 미니 당근을

싹 비웠다. 많은 양에 놀랐으나 당근이 가진 열량을 생각하면 저렇게 먹어야 진정한 비건이구나 싶었다.

그 학생은 당근에 이어 생쌀도 맛있게 씹어 먹었다. 이를 본 게스트하우스 주인은 이제야 비밀이 풀렸다며 웃었다. 아시아인들을 위해 쌀을 사서 찬장에 두었는데 꽤 오래 아무도 손대지 않던 쌀이 사라진 이유를 알겠다는 것이다. 그리고 아침에 쌀이 줄어들었는데도 아무도 조리한 흔적이 없어 궁금했었는데 그 이유도 알겠다고 했다.

나는 비건으로 살면서 건강상의 문제는 없었냐고 물었다. 학생은 초식동물처럼 성격이 순해져 다툼이 발생하는 상황에서 전투력이 없는 것 외에는 딱히 건강상의 문제는 없다고 했다.

식물 공부를 하면서 자연스레 환경 보전과 육식의 문제를 고민하고 있던 나는 그 학생의 이야기에 힘입어 한국으로 돌아와 채식을 시작했다. 학생처럼 엄격하고 완벽하게 채식을 하지는 못했지만 그래도 최선을 다했다. 몸이 조금 가벼워지고 꽤 오래 문제가 있던 피부와 면역 질환도 괜찮아지는 듯 보였다.

그렇게 1년 가까이 채식을 하던 어느 날 저녁, 기력이 너무 떨어지고 몸살이 심하게 났다. 나는 불현듯 고기를 먹으면 몸이 나을 것 같은 생각이 들었다. 마치 약을 지어

먹듯 고기를 챙겨 먹고 잠이 들었는데 다음 날 아침 그 어느 때보다 가뿐하고 상쾌하게 일어났다. 놀라운 건 모든 게 또렷하게 보이고 눈이 밝아졌다는 것이다. 나의 채식 경험 이야기를 하면 다들 식물학자가 환경 문제 이야기를 꺼내는구나 하며 심각하게 듣다가 시력이 좋아져 눈을 떴다는 이야기에 이르면 한바탕 웃는다. 그러고는 우리 인간이 가진 잡식 동물의 숙명 때문에 웃기면서도 슬프다고 한다.

최근에 친한 작가님과 환경 문제를 개선할 먹거리에 관해 대화를 나누다가 우유 이야기가 나왔다. 나는 우유 대신 아몬드 우유를 만들어 먹거나 코코넛 우유를 자주 사용하고 있다. 그런데 그 작가님이 아보카도에 맞먹는 코코넛 농장의 환경 파괴 문제를 이야기하셔서 상담자와 같은 마음이 들었다. '아, 왜 알려주셨어요. 이제 코코넛도 잘 못 먹겠어요.'라고.

알고 나면 불편한 진실이 있다. 먹거리와 관련된 환경 문제는 생존의 문제와 관련이 있고, 또 당장 직접적으로 다른 사람에게 해를 가하는 건 아닌 것 같아 외면하기 쉽다. 아주 옛날 수렵과 채집을 하던 시기와 달리 계절과 관계없이 다양한 먹거리를 쉽게, 풍요롭게 먹을 수 있는 지금, 아마도 숨겨진 불편한 진실은 아주 많을 것이다.

진실을 알고 나면 괴로움과 죄책감이 밀려온다. 그래도 상담자처럼 불편한 진실을 알고 고민하고 생각해보는 것이 더 좋지 않을까? 나는 그때 채식에 실패했다고 할 수도 있겠지만 1년 가까이 육식을 줄였고 그만큼 환경 문제를 조금이나마 줄였다고 생각한다. 그리고 그 이후로 여전히 고기는 식탁에서 덜어내고 있다. 괴로움과 죄책감으로 여러 문제를 고민한 끝에 실천할 수 있는 것도 늘었다. 앞으로 실천과 실패는 계속될 것이다.

고민하던 문제를 이야기 나눌 수 있어 좋았다는 상담자에게 마지막으로 인사했다.

"저도 이런 질문에 대해 함께 고민하고 대화할 수 있어 좋았어요. 이런 질문을 할 수 있는 사람이 있고, 없는 사람이 있잖아요. 질문 자체를 하지 않는 사람은 한 번도 이런 문제에 대해 생각해보지 않은 사람이고요. 같은 걱정을 하고 질문하는 사람을 한 명 더 알게 돼서 저도 좋았어요."

불편한 진실을 기꺼이 마주하고 질문하는 일에는 용기가 필요하다. 마음속 용기를 행동으로 실천하려면 절제와 어려움도 뒤따른다. 그러나 불편한 진실을 외면하고 손쉬운 편리만을 추구할 때 더 큰 어려움과 불편함으로 돌아온다는 사실을 지금도 우리는 피부로 느끼고 있지 않은 가. 불편한 진실을 기꺼이 마주하고 실천하는 작은 용기들이 모여 조금씩 더 나은 내일로 나아간다고 믿는다.

식물상담소를 찾은 많은 분들이
바쁜 일상을 살아가며 잊고 있던
자연을 향한 마음을 되새길 수 있길 바랐습니다.
그분들과의 만남이 제가 잊고 있던 마음을
돌아볼 수 있는 시간이었던 것처럼요.

섬기린초 *Phedimus takesimensis*

애써 가지려 하지 않는
사랑 표현법

우리나라에는 자전거 도둑만 있다는 우스갯소리가 있다. 주인 없는 물건에 손대는 사람이 거의 없고 핸드폰이나 지갑을 잃어버리면 주인을 찾아주는데 자전거만 예외라는 얘기다. 나는 지금까지 핸드폰을 두 번 잃어버렸다. 그때마다 주운 사람들은 모두 나에게 돌려주려 애를 썼다. 유럽에 여행을 가면 소매치기를 조심하라는 경고를 자주 받는데 그에 비하면 우리나라에는 좀 도둑이 적은 것 같긴 하다. 그런데 왜 자전거만큼은 예외일까?

어렸을 때 우리 가족도 자전거를 몇 번 도둑맞았다. 한 번은 오빠가 도둑맞은 자전거를 도로 찾아왔는데, 도둑 몰래 자전거를 헐레벌떡 타고 왔다. 훔쳐 간 아이가 어떤 가게 앞에 세워놓은 걸 오빠가 마치 뺏겼던 장난감을 다시 뺏어 오듯 얼른 타고 온 것이다. 도둑을 잡겠다는 생각은 하지 않고 훔치듯 자신의 자전거를 몰래 가지고 온 상황이 이상해서 어머니랑 한동안 웃었다.

좁은 시골 동네에서 자전거가 없어진다면 대개는 자전거를 너무 타고 싶은 동네 아이의 짓이다. 나는 자전거를 훔치는 아이가 '얼마나 자전거를 타고 싶으면 그랬을까?' 싶어서 자전거 도둑에게는 조금 관대했다. 엄연한 도둑질이지만 지갑이나 핸드폰을 훔치는 것과는 조금 다른 느낌이 들었다. 식물 도둑은 어떨까? 식물을 훔치는 사람의 마음과 식물 도둑에 대한 사람들의 생각, 식물애호가들의 생각이 궁금했다.

식물애호가로 항상 식물을 넘치게 키우고 계신 어머니와 달리 아버지는 식물에 별 관심이 없으셨다. 어릴 때 한겨울 아침이면 가끔 어머니와 아버지가 옥신각신하는 소리에 잠을 깰 때가 있었다. 그건 식물 때문이었다. 아버지가 환기를 위해 열었던 베란다 창문을 깜빡하고 닫지 않아 밤새 식물들이 얼어 죽은 것이다. 그러면 아침에 어머니가 얼어 죽은 식물을 발견하고 화가 나서 잔소리를 퍼부으셨다. 그런데 아버지는 주의를 기울이지 않으시는 건지, 일부러 그러시는 건지, 까먹을 만하면 으레 또 식물을 얼려 죽이셨다. 애지중지 아끼던 식물이 죽어서 화가 난 어머니와 달리 아버지는 어머니를 놀리시는 것 같기도 했다. 왜냐면 아버지가 왜 이렇게 식물이 많냐고 툴툴거리시는 걸 몇 번 들었기 때문이다. 한겨울 아침에 이런 소란이 반복되는 걸 보면 시트콤 속 한 장면 같았다.

줄곧 식물에 별 관심이 없던 아버지가 예순을 넘기셨을 즈음 갑자기 어딘가에서 식물을 가져오셨다. 어머니와 나는 얼마나 놀랐는지 모른다. 길가에 흔한 식물이었는데 처음엔 아버지가 도대체 왜 그 식물을 가져오셨는지 이해가 되지 않았다. 아마 그 식물이 유독 예뻐 보이셨던 모양이다. 드디어 아버지도 식물에 눈을 뜨신 것 같았다. 그러나 식물애호가인 어머니와 나는 아버지의 그런 초보적 식물 사랑에 웃음이 났다. 내 기억으로 그 풀은 제대로 살지 못하고 죽었다.

친한 은사님도 퇴직하시고 나서야 식물에 관심을 갖게 되셨다. 내가 식물을 심어보시라 권하여 봄에 함께 화분과 흙, 꽃씨를 사서 심었다. 식물에 대해 정말 아무것도 모르셨기 때문에 키우기 쉬우면서도 생명의 신비를 빨리,

가득 느낄 수 있는 나팔꽃, 해바라기, 봉선화를 권했다. 세 식물은 정말 빨리 자라 예쁜 꽃을 보여주었고, 그사이 은사님은 식물에 큰 관심을 가지게 되셨다. 오랜만에 은사님 집에 가니 고급 화분에 홍콩야자가 심겨 있었다. 잎에 흰색 얼룩무늬가 있는 것으로 꽤 비싸 보였다. 흰 무늬가 있는 식물은 원예품종으로 개발된 것이거나 돌연변이여서 내 눈에는 그리 건강하게 보이지 않는데 식물 초보자에게는 그런 식물이 꽤 특별하게 보이는 모양이다. 흰 무늬가 있는 식물이 비싸게 팔리는 걸 보면 말이다.

고급스럽고 작은 화분에 분재처럼 심은 홍콩야자는 그냥 보아도 오래 생존하지 못할 것 같았다. 은사님 집 환경에 적합하지도 않았고 분갈이도 시급해 보였다. 집안이 너무 그늘져서 당분간 밖에 두길 권했는데 은사님은 절대 밖에 두지 않겠다고 하셨다. 식물을 키워보신 적도 없는 식물 초보자면서 웬 고집이실까 했는데 누가 훔쳐 갈까 걱정되신 것이다.

식물을 오래 키운 사람들은 품에 안고 있다고 식물이 잘 자라는 것은 아니라는 걸 안다. 그리고 식물은 물건이 아니라 생명이라는 걸 깊이 깨달아서 식물을 위한 게 무엇인지 먼저 생각한다. 그래서 정확히 표현할 수 없지만 '내려놓는 마음'이 생기게 되는 것 같다. 아직 그런 단계까지 가지 못한 초보 식물반려인인 은사님이 귀여워 보였다.

나는 자전거 도둑처럼 화분 도둑도 조금 관대하게 보았다. 화분을 잃어버려도 누군가 잘 키워주리라는 생각에 크게 낙심하지 않았다. 그러나 식물 도둑질은 생각보다 심각한 범죄다. 식물원에서 식물을 뽑아가는 경우가 많아 식물을 다시 심는 비용이 꽤 크다고 알고 있다. 가끔 식물원에서 서식지 외 보전을 위해 심어놓은 희귀식물이나 멸종위기식물을 훔쳐 가는 심각한 상황도 발생한다.

희귀식물이나 돌연변이 식물은 도굴되어 암암리에 비싼 값에 팔린다. 식물 재테크에 이용되기도 한다. 예전에 실험실 동료들과 제주도 어느 계곡으로 멸종위기식물인 무주나무와 죽절초를 보러 간 적이 있다. 바로 전날 다른 대학교 실험실 연구원들이 다녀간 후 우리 실험실에 좌표를 일러주었다. 한참을 둘러보았지만 결국 우리는 그 식물들을 찾지 못했다. 갓 파낸 듯한 땅 구덩이만 여럿 있었다. 인적도 없고 등산로도 아닌 곳에 생긴 그 구덩이들은 분명 식물 도굴꾼 짓 같았다. 설마 하면서도 그 깊은 곳까지 찾아와 식물을 뽑아간 것이 확실한 듯 보여 놀랍고 한탄스러웠다.

아마 무주나무와 죽절초도 이름 모를 사람들 손에 옮

겨 다니며 어디선가 팔리고 있지 않을까? 식물에 대해 지나친 소유욕을 가지는 건 식물을 물건으로 여기는 마음 때문일 것이다. 그러니 등급이 매겨지고 돈이 오가고 도둑질이 시작된다.

요즘 유행하는 신조어 플랜테리어라는 말을 들을 때도 비슷한 마음이 들어 불편하다. 플랜테리어는 식물을 이용해 집 안을 꾸미는 인테리어를 말한다. 이 단어를 들을 때마다 '식물이 인테리어 소품이라는 걸까?' 하는 생각이 들기 때문이다. 식물은 생명인데 물건 취급을 하는 것 같아서 이상하다. 살아 있는 생명을 향한 마음이 물건에 대한 소유욕으로 변질될까 우려스럽기도 하다. 식물을 진정 사랑하는 사람이라면, 식물이 살아 있는 생명이라는 걸 잘 아는 사람이라면 지나친 욕심을 내어 애써 소유하려 하지 않는다고 생각한다.

예전에는 애완동물이라는 단어를 많이 사용했지만 요즘은 애완동물보다 반려동물이라는 단어를 흔히 쓴다. 애완동물은 좋아하여 가까이 두고 노는 동물을 뜻한다. 그에 반해 반려동물은 정서적으로 의지하고 벗하는 동물을 뜻한다. 함께 사는 동물에 대해 깊이 공부하고 애쓰는 마음이 느껴지는 단어다.

반려동물이라는 단어 때문인지 키우는 식물에도 반려식물이라는 단어가 자연스레 사용되고 있다. 인간이 동물과 함께 산 역사는 길지만 함께 사는 동물을 생물로 존중하고 이해하려고 노력하기까지 긴 시간이 걸렸듯 식물에 대해서도 긴 시간이 필요할 것 같다. 식물이라는 생명에 대해 소유가 아닌 반려가 시작될 때 사랑하는 식물은 잘 자라줄 것이다.

분무기로 잎에 물을 뿌려
식물의 갈증을 해소해주려는 건
헛된 사랑 표현입니다.
이런 종류의 사랑 표현만 계속하고 있다면
그건 분명 짝사랑일 것입니다.

후박나무 *Machilus thunbergii*

정말 키워도 괜찮으시겠어요?

연화죽, 개운죽, 부귀죽 등으로 불리며 국내에 유통되는 드라세나 산데리아나 *Dracaena sanderiana*를 처음 보았을 때 나는 또 하나의 기괴한 모습으로 식물이 판매되고 있다고 생각했다. 중앙아프리카가 원산지인 이 식물은 대나무와 닮았으나 대나무보다 키가 작고 그늘에서 잘 자란다. 특히 일정한 굵기의 부드러운 줄기는 인위적으로 조작하기 쉬워 스프링처럼 꼬인 모양이나 머리카락을 땋은 모양, 심지어 하트 모양까지 만들어 판매한다.

줄기를 댕강 잘라 잘린 면이 썩지 않도록 고무나 플라

스틱 같은 재질로 메꿔놓고 반대쪽 잘린 면을 물에 꽂아만 두어도 마디에서 새싹이 나는 강인한 생명력을 가진다. 나무처럼 보이지만 풀이라서 자라는 속도가 빨라 대량 재배하기도 쉽다. 이런 여러 특성으로 드라세나 산데리아나는 상품화하기 좋다. 내 눈에는 그 모든 조작으로 탄생해 판매되는 모습이 기괴하게 보인다. 그러나 이런 연유를 알지 못한 채 이 식물을 키우고 있는 누군가에게는 그저 반려식물의 사랑스러운 모습일 것이다.

어머니: 아이가 초등학교 1학년에 입학할 때 식물을 하나 사줬거든요? 학교에서 식물을 보내라고 해서요. 꽃을 말려 교실을 꾸밀 정도로 식물을 사랑하는 담임선생님을 만났거든요. 그때 사준 연화죽을 4년째 아이가 키우고 있어요. 그걸 계기로 아이가 식물을 많이 좋아하게 되었어요.

어린이: 처음에는 저도 다른 사람들처럼 장미 같은 꽃만 좋아했거든요? 벌레 있으면 싫고, 꽃이 예쁘게 피면 그 꽃만 좋아했고 다른 식물은 좋아하지 않았어요. 그런데 어느 날 담임선생님이 학교에 식물을 가져오라고 하셨

어요. 그래서 꽃집에 갔는데, 엄마가 대나무 같은 이상하게 생긴 식물을, 꽃도 안 피고 열매도 없는……. 그 식물을 엄마가 사라고 하는 거예요. 처음에는 너무 싫었어요. 아니, 못생겼잖아요! 게다가 꽃도 안 피고 열매도 안 달리면 속상하니까 안 사고 싶다고 계속 말했는데도 엄마가 오래가는 식물이 좋다고 하셔서 어쩔 수 없이 골랐어요. 집에 가져와서 키우는데 어느 날엔 엄청 큰 벌레가 생겼어요. 그때도 저는 너무 싫어서 그냥 내버려 뒀어요. 그런데도 계속 자라고, 잎이 노래졌는데도 계속 자라서 너무 미안했어요. 그때부터 관심을 가지고 돌보기 시작했어요. 그랬더니 되게 귀여웠어요. 갑자기 엄청 다르게 보이더라고요!

연화죽과 자신의 인연을 설명하는 어린이 상담자는 식물이 죽으면 꿈에 나올 정도로 키우는 식물을 사랑하고 있었다. 사랑하고 걱정되는 감정을 담아 연화죽 그림도 여러 개 그렸다. 수경재배를 시도하고 온도계와 습도계, 알람시계까지 가지고 있으며 깍지벌레와 뿌리파리, 민달팽이의 습격 사건을 설명했다. 통풍과 분갈이 방법을 꿰고 있는 이 어린이는 식물의사가 꿈이라고 했다.

나는 완벽한 수경재배의 조건과 물에서만 식물을 키울

때의 한계를 설명해주었다. 아이가 식물을 해치는 곤충을 싫어한다고 하여 다음에는 돋보기로 곤충을 잘 살펴보라고 했다. 그러면 아마 곤충도 좋아하게 될 것이라고. 느리지만 귀신같이 집을 찾아오는 달팽이의 귀소본능에 대해서도 알려주고, 연화죽과 함께 자라는 은사철 이야기도 해주며 식물 간의 경쟁도 설명해주었다. 우리나라에 나무 의사가 있다고도 일러주었다.

그러나 차마 자연 상태의 연화죽 모습과 판매되는 연화죽 모습 간의 괴리, 화분에 키우면서 앞으로 일어날 슬픈 한계들에 대해서는 말해줄 수 없었다. 식물이 죽으면 슬퍼서 꿈에도 등장한다는 어린이에게 아프리카에서 자라는 연화죽이 사실은 비정상적인 모습으로 너희 집 베란다에 있다고 말할 수는 없는 노릇이니까.

상담자는 어렸지만 식물상담소를 찾아온 많은 식집사 중에서 자신이 키우는 식물에 대해 가장 많이 공부한 사람이었다. 끊임없이 공부하고 조금이라도 좋은 조건을 만들어주려는 노력은 식물을 키우는 데 꼭 필요하다. 그러나 많은 이들이 얼마나 자주 물을 줘야 할지, 햇빛과 그늘 중 어디에 화분을 둬야 할지 정도 밖에는 알지 못한다.

사랑하는 마음이 과해 식물을 죽이는 일도 흔하다. 식물이 필요로 하지 않는 지나친 수분을 주어 뿌리를 썩게 만들거나 척박한 땅을 선호하는 식물에게 지나친 영양분을 주어 죽인다. 자연스레 시들어 떨어져야 하는 잎이 보기 싫어 일찍 뜯으면 식물이 잎을 떨어뜨린 자리에 보호벽을 만들 시간을 충분히 제공하지 못한다. 가끔은 상처 난 자리로 감염이 된다. 잎을 싱싱하고 반짝거리게 보이도록 바르는 광택제는 외부와 소통하는 잎 조직을 막아버려 잎을 질식시킨다. 강렬한 햇빛 아래 기분 좋게 뿌린 차가운 물은 급작스레 식물체의 온도를 낮추고 광합성을 방해하기도 한다.

결국 죽을 수밖에 없는 식물이란 걸 모르고 키우다가 식물이 죽자 큰 상실감을 느낀 상담자들도 있었다. 식물 상담소를 찾은 상담자 가운데 자신이 실수해서 식물이 죽은 걸까 걱정스러워하는 분들이 여럿이었는데, 대화를 하다 보면 이유는 다른 데 있고는 했다. 판매되는 외래종은 애초부터 우리나라 베란다에서 살기에 적합하지 않은 경우가 많다. 흔히 물만 부어주면 된다며 수경재배 화분을 판매하기도 하지만 물만으로는 영양분이 고갈되어 결국 죽고 만다.

큰 화분이 생각보다 가볍다면 그 속을 들춰보아야 한다. 스티로폼이나 나무 조각처럼 화분을 가볍게 하기 위해 빈 속을 채운 재료가 들어 있을 수 있다. 흙이 필요한 식물에겐 아무런 도움이 되지 않는다. 꽃이 핀 줄 알았지만 알고 보면 가짜 꽃을 침으로 꽂아두기도 한다. 특히 다육성 선인장에 꽂아둔 가짜 꽃은 감쪽같지만, 선인장 몸통에 꽂힌 날카로운 침을 발견한다면 끔찍할 것이다.

알고 보니 사 온 식물이 1년생 혹은 2년생이어서 얼마 못 가 죽음을 맞이하기도 한다. 고도로 조작된 원예품종 중에는 첫해에만 꽃이 예쁘게 피도록 하거나 번식을 할 수 없도록 설계되어 있기도 하다. 이것은 계속해서 식물을 판매하기 위한 원예품종 개발자의 설계다.

식물의 죽음에는 다양한 이유가 있다. 식물이 가진 원래 특성 때문이거나 혹은 식물을 상품으로 판매하기 위한 전략이 이유가 되기도 한다. 식물이 자연 상태처럼 건강하게 자랄 수 없는 부적절한 모습으로 누군가에게 갈 수 있으니 식물 반려인들이 식물의 죽음을 섣불리 자신의 탓으로 돌리고 슬퍼하지 않았으면 좋겠다.

식물의 당연한 죽음을 모른 채로 식물이 죽어가는 내내 걱정하고, 꿈에 나올 정도로 슬퍼하며, 간혹 식물을 다시는 키우지 않겠다고 선언하는 건 참 안타까운 일이다. 식물을 좋아한다면 애써 키우던 식물이 죽더라도 이 어린이 상담자처럼 용감하게 계속 좋아하면 좋겠다.

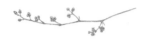

선생님: 그 식물들을 돌보지 않고, 죽을까 봐 걱정하지도 않고 편안하게 지내는 게 낫다고 생각해보진 않았어요?

어린이: 식물을 키우면 여행을 못 갈 수도 있고, 할머니 집에 못 갈 수도 있고, 파자마 파티에 못 갈 수도 있어요. 그런데도 너무 키우고 싶었어요. 제가 계속 집에 있으면서 돌봤는데도 지난여름에 키우던 식물이 다 죽었던 적이 있어요. 갑자기 다 죽으니까 큰 충격을 받았어요. 너무 슬퍼서 '아, 차라리 안 키웠으면 어땠을까? 왜 내가 데려왔을까……?' 이런 생각이 들어서 후회했었던 적은 있어요.

어머니: 어느 날 제가 파프리카를 썰고 있었는데, 아이가 그 씨앗을 달라는 거예요. 저는 '쟤가 왜 저럴까, 설마 또?' 생각했는데 아니나 다를까 그 씨앗을 또 심고 있더라고요.

선생님: 앞으로 계속 식물을 키울 생각이군요?

어린이: 그때 많이 죽은 이후로 식물이 다 없어지면 편할 것은 같다는 생각도 했는데요, 그런데 몸은 편할 것 같은데, 마음이 불편할 것 같더라고요. 이제 진짜 식물 사랑이 시작돼버려서요.

수정난풀 *Monotropa uniflora*

분홍낮달맞이꽃 *Oenothera speciosa*

지금은 꿈을 잠시 접어두었다 해도
언젠가 다시 펼치면 되는 일입니다.
접힌 채로면 또 어떤가요?
접힌 모양으로 다른 걸 만든다면
더 멋진 무엇이 될지 누가 알까요?

식물은 좋지만
등산은 싫은 식물학자

등산가가 꿈은 아니었는데 식물분류학자
가 되고 보니 식물이 있는 곳을 찾아 등산을 많이도 했다.
사람들에게 식물을 연구한다고 하면 실험실에서 창백한
피부와 온화한 표정으로 식물을 가꾸는 식물학자의 모습
을 떠올리지만 내가 생각하는 식물분류학자는 산악인의
모습이 자연스럽다. 교수님, 선배들을 떠올리면 실험실
과학자의 모습도 있지만, 산을 헤매고 다니는 산사람의
모습도 있기 때문이다. 그러다 보니 식물 표본 제작실에
는 채집해 온 식물을 정리하고 표본을 만들기 위한 도구

외에 등산 장비가 있다. 등산 가방, 등산 조끼, GPS 기계, 비옷, 채집용 칼, 가위, 호미, 삽 등 조금은 과학자와 어울리지 않는 도구도 가득하다.

여행과 등산을 좋아하시는 아버지 덕분에 유명한 산은 대학 입학 전에 거의 다 올라가 보았지만 그런 내게도 식물학자로서의 등산은 남달랐다. 식물분류학 실험실에 들어간 이후로는 식물 채집을 위한 등산이 시작되었다. 학부 때는 선배들을 따라 식물 채집을 가도 큰 부담감 없이 즐겁게 산을 올랐는데, 석사에 입학하려니 처음으로 등산이 걱정되었다. 어릴 때부터 등산이 익숙했고 남들보다 단련되었다고 자신했으나 식물분류학 전공자들은 왠지 겉모습부터 전문 산악인 같았다. 아침부터 저녁까지 정돈된 등산로도 아닌 산속 이곳저곳을 헤매며 무거운 가방을 지고 식물을 뽑고 자를 수 있을까 싶었다. 남학생이 체력이 더 좋을 텐데 등산에서 지고 싶지도 않았고, 혹여 식물 채집은 뒷전이고 내 한 몸도 감당하지 못하면 어쩌나 하는 걱정도 되었다.

석사과정에 입학한 지 얼마 되지 않았을 때 어떤 선배가 "우린 식물을 연구하는데 등산은 싫어해."라고 농담했다. 전 세계 식물분류학자가 식물은 좋은데 등산을 싫어하면 어떨까 상상하니 웃음이 났다. 그렇게 조금 가벼운 마음으로 식물 채집을 시작했고 다행히 나는 뒤처지지 않고 임무를 잘 수행했다.

물론 산에서 김밥을 먹고 체하거나 말복에 더위를 먹은 적도 있지만, 산을 오르지 못하거나 체력이 부족해 식물 채집을 못 한 적은 없었다. 한번은 박사 과정 때 다른 대학 교수님과 백두산에 식물 채집을 갔는데 나에게 격한 표현으로 독종이라며 어찌 그렇게 산을 잘 타냐고 감탄하셨다. 석사 입학 때 걱정했던 등산은 어느덧 생활처럼 편안해졌다.

그렇게 등산에 대한 고민이 없어졌을 즈음, 식물 채집 중에 풀독이 올라 피부과를 방문했다가 시간이 남아 바로 옆에 있는 정형외과에 들르게 되었다. 아주 가끔 무릎을 누르면 아팠는데 대수롭지 않게 생각하다 한번 물어볼 요량이었다. 젊은 나이고 평소 아무렇지 않았기에 별문제 없을 거라 자신했다.

의사 선생님도 처음엔 큰일 아닐 거라 하셨는데, 이리저리 무릎을 눌러보더니 연골이 많이 상했다며 무슨 일을 하는 사람이길래 이 나이에 이러냐 물으셨다. 이대로 계속 지내면 연골이 다 망가져 인공연골로 갈아야 한다고 했다. 평소 몸을 돌보지도 않았고 올바른 등산 방법도 익힌 적이 없으니 당연한 일이었는지도 모른다. 선배들이 하나같이 여기저기 몸이 좋지 않다고 말할 때, 비가 오는 날을 귀신같이 맞힐 때 남 일처럼 흘려들었는데 나도 직업병이 생긴 것이다.

곤충학자, 조류(새)학자, 동물학자, 어류학자 등과 합동 채집을 할 때가 있다. 옆에서 채집하는 모습을 보거나 도와주기도 했는데 한번은 누가 제일 힘든가에 대해 토론한 적이 있다.

곤충이나 동물은 움직인다. 그래서 연구자가 있는 곳으로 찾아오도록 할 수 있다. 예를 들어 곤충의 경우 포충망을 휘둘러 잡을 때도 있지만, 먹을 것을 담은 작은 독을 땅에 묻거나 밤에 빛을 비춰 유혹하기도 한다. 그런 곤충학자들과 달리 식물학자들은 찾고 있는 식물이 산꼭대기에서만 자란다면 산꼭대기로 올라가야 한다. 숨어 있는 식물이 찾아오게 할 어떤 방법도 없다. 그래서 식물학자가 힘들다는 결론에 이르고 있었는데 깊은 바닷물에 사는 해조류를 연구하는 연구자가 스쿠버다이빙의 어려움을 토로했다. 그 이야기를 듣고 그나마 식물 채집이 좀 낫다고 위로했다.

상담자: 식물도 대량으로 생산이 되잖아요.

선생님: 그렇죠. 인류 역사에서 농업이 시작되고 발전되면서부터 대량 생산되기 시작했지요.

상담자: 그게 좋은 건가요?

선생님: 음, 아마 가장 대량 생산하는 건 먹는 식물이 아닐까 싶네요. 그 외에도 다 인간이 이용하는 식물이겠죠. 그런데 균일한 상품을 만들기 위해서 클론, 그러니까 복제인간처럼 유전적으로 완전히 같은 경우 그 종의 개체가 많다는 게 의미가 있을까 싶어요. 그 식물은 유전적 다양성이 많이 떨어지거든요. 개체가 많으니 지구 표면을 넓게 차지하고 있는 우점종이라 볼 수도 있겠지만, 과연 이 식물을 우점종이라고 할 수 있을까요? 그리고 인간이 이용하는 식물은 계속해서 대량 생산되지만 다른 한쪽에선 인간의 간섭으로 야생식물들이 죽어가고 멸종위기에 놓이고 있죠.

상담자: 식물도 멸종이…….

선생님: 이미 많이 진행되었어요. 우리나라에서도 멸종되고 있어요. 우리나라에서 멸종된 종이라도 외국에 있을 수 있지만, 세계적으로 멸종위기종이면 지구에서 곧 사라질 수 있죠.

상담자: 동물은 멸종위기종을 보호하려는 노력이 많이

보이는데 식물도 그런가요?

선생님: 식물도 그래요. 환경부에서 만든 규정이나 목록도 있고요. 레드 리스트^{IUCN, 적색 목록}라고 전 세계적으로 멸종위기에 놓인 동식물 실태를 보고하는 목록도 있어요. 일반적으로 사람들이 동물에 관심이 커서 동물의 멸종위기가 더 눈에 띄나 봐요. 어떤 지역을 대표할 수 있는 종을 깃대종이라고 부르는데 사람들에게 파급력이 좋은 종을 말해요. 깃대종이 멸종위기라고 하면 사람들이 쉽게 관심을 가져요. 그 종이 사는 생태계 전체나 주변 다른 종들을 살리는 데 효과가 좋죠. 깃대종 중에서도 아주 귀엽거나 독특하게 생기면 더 관심을 가지고요. 하늘다람쥐, 삵, 산양처럼 귀여운 동물이 깃대종일 때 사람들이 더 잘 기억하고 보호하려 노력하려는 것을 보면요. 식물도 멸종위기종이 많은데…….

상담자: 그렇구나.

선생님: 식물도 동물처럼 빠르게 사라져가고 있어요. 식물이나 동물이 사라지는 속도보다 인간이 연구하는 속도가 더디죠.

식물보다 식물분류학자의 멸종 속도가 빠르다는 학자들 사이의 농담처럼 식물분류학자가 줄어들고 있다. 물론 다른 생물분류학자도 사정이 딱히 낫지 않다. 식물보다 사람들의 관심이 적은 균류나 물속 조류를 연구하는 학자는 항상 더 멸종위기에 있었으니까.

실험실에 있으면서 중간에 공부를 그만두는 여러 학생을 보았다. 학부 때 관심을 가졌다가 전공하지 않는 경우도 말이다. 여러 가지 이유가 있겠지만 식물분류학의 시작이라 할 수 있는 탐험과 채집에서 생각지도 못한 노동과 위험을 경험했기 때문인 것도 같다.

그렇지만 식물을 연구하려면 식물의 세계로 찾아가야 하고, 동물을 연구하려면 동물의 세계로 찾아가야 한다. 연구자들이 연구대상을 찾아 식물원, 동물원, 실험실에만 간다면 그 상황은 편안함이 아니라 슬픔과 끔찍함이 아닐까? 그렇다면 이미 지구의 모든 종이 자연 상태에서 멸종한 상황일 테니까.

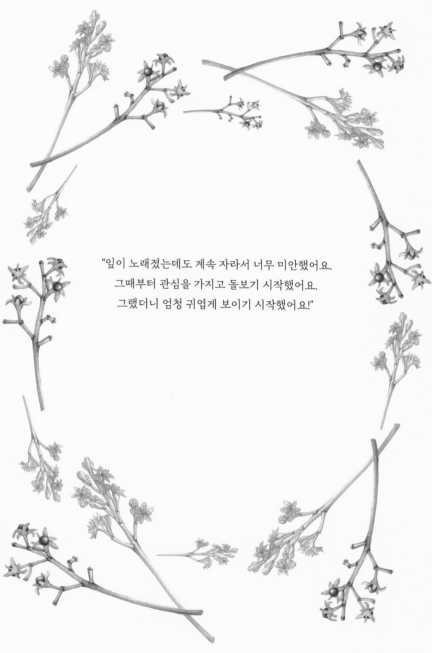

"잎이 노래졌는데도 계속 자라서 너무 미안했어요.
그때부터 관심을 가지고 돌보기 시작했어요.
그랬더니 엄청 귀엽게 보이기 시작했어요!"

후박나무 *Machilus thunbergii*

오래된 나무에 대한 예의

부산에 있는 고택에 함께 가자던 분이 있었다. 지나가는 인사말로 듣고 그분이 고택에 있는 식물이 궁금하셨거나, 앞으로 야생식물을 심어볼 계획이신가보다 했다. 초대에 감사하다며 언젠가 한번 같이 가자고 답을 했는데 어느 날 그분이 식물상담소에 찾아왔다.

상담자: 그 집에서 제가 어릴 때 자랐거든요. 남쪽 지역이

라 3월 말이나 4월 초가 되면 동백부터 피기 시작해서 꽃들이 만발해요. 바닥과 연못이 온통 붉은색으로 물들어서 정말 아름다웠어요. 그런데 집 주변에 42층짜리 아파트가 들어섰어요. 2층짜리 저희 집은 꼭 고목에 붙은 매미 한 마리 같은 존재가 되어버렸어요. 아파트가 남쪽에 있어서 아파트 사이로만 햇빛이 들어와요. 바람도 골바람으로 굉장히 세고요. 집안에도 변화가 생겨서 전체적인 공기나 햇살, 일조량이 달라져버렸어요.

선생님: 어휴, 심각하네요.

상담자: 아파트가 들어서고 난 다음부터 동백꽃도 거의 안 폈어요. 원래는 만리향 같은 나무들이 집을 감싸서 너무 좋았는데 이젠 볼 수가 없어요. 아파트 때문에 일조량이 부족하니 나무를 전지해서 조금이나마 빛이 들어오게 해달라고 조경업체에 의뢰했어요. 근데 제가 없는 사이에 조경업체에서 나뭇가지를 전부 잘라버린 거예요. 너무 화가 나고 상실감이 컸어요. 지금 가면 정원이 너무너무 이상해져 있어요.

정원도 구경하고 겸사겸사 부산에 놀러 가볼까 가볍게 여겼던 나는 생각보다 심각한 상담 내용에 마음이 좋지 않았다. 아파트 공사로 인해 고택이 기울어져 보상을 받았으나 건물에 대한 보상만으로 끝났다고 했다.

오래된 건물을 복원하기 어려운 것처럼 사람들이 오래된 나무에 대해서도 깊이 생각해주면 얼마나 좋을까? 사실 오래된 나무에는 복원이라는 말이 어울리지 않는다. 나무는 죽으면 되돌릴 수 없으니까. 살아있는 생물인 식물로 이루어진 정원이 파괴되었을 때 그 정원을 가꾼 이의 마음은 반려동물을 잃은 사람과 다르지 않다. 어릴 때부터 키운 식물들이 서서히 꽃이 피지 않고 죽어가는 모습을 보는 상담자는 얼마나 슬플까?

햇빛을 가릴 걸 알면서도 고층 아파트를 지어 올린 건설사나, 건물만 보상한 법원의 판결이나, 식물을 세심하게 살피지 않고 일괄적으로 나뭇가지를 잘라버린 조경업체나, 총체적으로 화가 나는 이야기다. 나는 지금도 죽어가고 있을 식물들이 안타까워 거울 같은 구조를 이용해 부족한 햇빛을 끌어오는 시설을 떠올렸고 이제라도 설치해야 하지 않나 싶어서 다급히 이야기했다. 그런데 상담자의 대답은 예상외였다.

상담자: 주변 환경이 너무 바뀌어버려서 이제 저는 복원

이라는 개념보다 새로운 생태계를 다시 만들어야겠다
는 생각이 들어요. 큰 나무를 뽑을 수는 없으니까 그
건 놔두면서요. 자기중심적이거나 인공적이지는 않
은⋯⋯.

선생님: 이미 거기는 완전히 바뀌어버린 거네요. 천이랑
　비슷한 일이 일어나겠죠?

상담자: 천이?

선생님: 시간이 지나면서 거기에 자연적으로 사는 생물
　종들이 변하는 거예요. 서서히 변하면서 가장 적합한
　종들이 선정되고 서로 어울리는 안정된 상태, 평형상태
　인 극상에 이르게 돼요. 사람의 간섭이 없는 자연에서
　일어나는 것이라 정원과는 거리가 있겠지만요. 근데 저
　는 식물학자라 조경 쪽은 잘 몰라요. 식물에 대한 과학
　적인 내용을 알 뿐이라서요.

상담자: 전 조경이 필요한 건 아니에요. 어떤 스타일의 정
　원을 만들고 싶다는 마음보다 지금의 생태가 어떤지부
　터 파악해서 어떤 식물이 자연스레 잘 자랄까 싶은 거
　죠. 그러니 한번 함께 가시죠.

상담자의 이야기를 듣고 나는 반성했다. 물론 아파트가
들어서며 일어난 일에 화가 나서 빨리 대책을 세워야겠다

는 마음이었지만 인위적인 구조물을 첫 번째 해결책으로 제시한 스스로가 좀 창피했다. 인공적으로 햇빛을 끌어와 식물이 다시 잘 자란다 한들 그 상황이, 또 그 모습이 아름답지는 않을 것이다.

최대한 조경을 하지 않고 자연스레 식물들이 어울려 자라게끔 보살펴 온 상담자에게 건네기에는 참 부끄러운 조언이었다. 만약 꽃이 많이 피는 화려한 정원으로 빨리 새롭게 만들 생각이었다면 나를 찾아오진 않았을 테니까. 나는 그곳에서 심을 만한 야생식물을 떠올려보며 1년 동안 하나씩 실험해보고 자연의 흐름에 맡겨보자 말했다.

예전에 아파트 2층에 산 적이 있다. 식물이 베란다 앞에 바짝 심겨 있는 구조였다. 집 앞에는 백목련이 붙어 자라고 있었는데 높이 자라 2층 창문을 덮었다. 우리 가족은 햇빛을 가려도 사계절 창밖을 아름답게 만들어주는 그 나무가 좋았다. 그런데 아파트 동대표 아주머니는 그 나무를 못 자르게 하는 우리 가족을 못마땅해했다. 어차피 꽤 전지되어 우리 집 베란다만 가린 상태였는데도 호시탐탐 나무를 잘라버리려고 했다. 결국 아주머니는 인부를 시켜 우리 가족이 잠든 사이에 몰래 나무를 댕강 잘라내버렸다.

또 한번은 높이 자란 메타세쿼이아가 있는 8층에 산 적이 있다. 뾰족하게 높이 자라는 특성 때문에 꽃을 관찰하기 어려운 메타세쿼이아가 손에 닿는 거리에 있는 것이 내가 그 집을 고른 이유 중 하나였다. 그런데 그 나무도 어느 날 갑자기 댕강 잘려나가 없어져버렸다. 나는 고등학생 때 고래에게 던져진 작살을 온몸으로 막는 그린피스 회원이 너무나 인상 깊어 뇌리에 뚜렷하게 남아 있는데, 이렇게 갑작스레 나무가 잘려나가는 일들을 겪을 때면 그 그린피스 회원들의 마음이 이해되었다. 건물을 짓는 것보다 나무를 키우는 것이 더 어려운 일이니 나무를 자르는 해결책은 맨 마지막으로 미루었으면 한다. 제발 나무들이 살게 그냥 내버려두면 좋겠다.

12년 전에 혼자 영국에 갔을 때 일이다. 문을 닫은 가게 앞에 손으로 무료 전시라 써놓고 그림을 전시하며 지나는 사람을 구경하고 있었는데 미술도구를 든 어느 아저씨가 다가왔다. 건축가인 그는 직원이 필요한데 같이 일하지 않겠냐고 제안했다. 여행자인 내게 취업 제안을 한게 당황스러웠지만 기분 좋았고 미술 이야기도 잘 통해 우리는 금방 친해졌다. 나중에 집으로 초대하셨는데 넓은 마당에 식물이라곤 네모지게 깎은 회양목밖에 없었다. 그러면서 이 식물은 모양을 만들기도 쉽고, 잘 죽지도 않고,

변하지도 않아서 좋다며 자신은 회양목만 기른다고 했다. 정원에 나가기 전에 아저씨가 섬세하게 만든 런던아이(영국 템스 강변의 대형 대관람차) 모형에 감탄했던 나는 회양목 이야기를 들은 후로 적지 않게 실망했다. 나무를 건축물처럼 대하는 건축가라니.

우리나라에도 회양목을 길거리에 생울타리로 흔히 심는다. 대개 그 아저씨네 회양목처럼 바싹 깎여 있다. 그러나 야생 회양목은 자연에서 꽤 크게, 또 멋지게 늘어진 형태로 자란다. 울타리로 많이 심는 쥐똥나무, 사철나무, 화살나무, 작살나무, 빈도리, 꽝꽝나무, 주목 등도 그냥 자연의 흐름에 맡겨두면 그 나무들의 진짜 모습을 알게 될 것이다. 울타리용으로 가꾸는 나무는 흔한 나무인데도 사람들은 원래 자연 상태의 모습을 잘 모른다. 언제 한번은 사람 키보다 크고 가지를 늘어뜨리며 자란 야생 회양목을 보고 무슨 나무냐고 물었던 이에게 아까 길에 있던 회양목과 같은 것이라 일러주니 깜짝 놀랐었다.

어느 날 매화나무 분재를 키우는 상담자가 식물상담소를 찾았다. 매화가 잘 자라지 않아 이리저리 자리를 옮겨보았지만 해결되지 않는다는 상담이었다. 나는 매화는 원래 우리나라 기후에 잘 맞는 식물이라 그냥 밖에 심으면 해결된다고 일러주었다. 하늘과 땅이 매화에 맞는 햇빛,

온도, 습도, 양분을 제공해 문제를 해결해줄 것이라고. 분재를 키우는 상담자에게 무성의하거나 엉뚱한 대답이었을 텐데 상담자는 곧바로 마당이 있는 집으로 이사를 해야겠다고 했다. 식물에게 가장 좋은 방법이 무엇인지 긴 말 하지 않아도 마음으로 이해하고 있었던 것일 테다. 식물을 정말 사랑하는 사람들은 식물을 위한 해답을 이미 알고 있는 것 같다.

방가지똥 *Sonchus oleraceus*

4부

———

소중한 순간을
지켜주는 이야기

식물이 좋아지기 시작한 당신에게
해주고 싶은 이야기

　　　　　식물상담소에서 식물 공부와 관련된 질문을 많이 받는다.

　"어떤 식물도감을 보아야 할까요?"

　"식물 이름을 빨리 찾는 방법이 뭔가요?"

　"식물 공부를 혼자 하려면 어떻게 해야 할까요?"

　"식물에 대해 궁금한 것이 생기면 어디에 물어보는 게 좋을까요?"

　"식물원에 가보고 싶은데 어느 곳이 좋을지 추천해주실 수 있나요?"

식물을 감상하는 것을 넘어 공부하고자 하는 분들의 질문을 들으면 어떻게든 도움을 주고 싶다. 그분들은 진정 식물을 사랑하기 시작한 분들이기 때문이다. 질문을 받으면 나는 제일 먼저 "정확히 어디까지 알고 싶으세요?" "어떤 방향으로 공부하고 싶으세요?" 하고 묻는다.

예전에는 식물 공부와 관련된 질문을 받으면 학문적인 정도正道를 말하려 했다. 그런데 지금 생각해보면 모두가 식물학자가 되려고 찾아오는 게 아닌데 왜 그런 고리타분한 답변을 한 것인지 모르겠다. 이제는 이런 질문을 받으면 상담자가 어디까지 알고 싶은지, 어떤 방향으로 나아가고 싶은지, 식물을 더 좋아할 방법이 무엇인지 알려주려고 한다.

식물도감을 추천할 때도 꼭 전문 서적을 권하지 않고, 모든 식물이 소개된 책을 추천하지도 않는다. 식물을 잘 모르면 그 두껍고 지루한 도감이 오히려 역효과다. 계절에 따라, 혹은 꽃 색에 따라 가볍고 얇은 책을 추천하기도 한다. 예전엔 식물학적으로 정확한지, 체계적으로 구성되어 있는지, 어느 전문가가 썼는지 등을 중요하게 여겼다. 그러나 식물상담소를 하면서 꼭 그럴 필요가 없다는 걸 깨달았다. 질리지 않도록 하는 게 더 중요했다. 한 명이라도 나 때문에 식물로부터 도망가면 안 되니까.

식물원이나 수목원을 추천해달라는 질문을 받을 때도 마찬가지다. 예전에는 식물을 괴롭히는 식물원을 좋게 보지 않았다. 전시 중심의 식물원들이 그렇다. 그런 곳은 계절마다, 행사마다 식물을 심었다 뽑았다 한다. 축제가 열리면 꽃을 잔뜩 심었다가 끝나면 다 뽑아버리고 다른 꽃을 심거나, 나무에 장식이나 전구를 달아서 화려하게 만드는 식이다. 식물이 가진 습성을 무시하고 조형물을 채워 넣는 것도 불편했다. 그런 전시 중심의 식물원을 살펴보면 직원 중에 식물학자가 없고 실험이나 연구를 통해 논문을 발표하지 않는다. 연구소나 식물학자와 협력해 논문을 내기도 하지만 주도적이지 않다.

줄곧 전시 중심의 식물원에 안 좋은 마음을 가지고 있다가, 이런 생각이 좁은 시야일 수 있음을 미국의 원예 전시 정원을 다녀오고 깨달았다. 미국의 롱우드 가든 Longwood Gardens 은 대표적인 원예 전시 정원이다. 미국 연구소에 있을 때, 선임연구관님이 약간 들뜬 표정으로 크리스마스를 맞아 롱우드 가든에 가자고 하셨다. 그러면서 롱우드 가든은 어떤 유지에 의해 만들어졌는데 매년 수많은 방문객이 오는 명소로 크게 성공했고 그곳에서 도움을 주어 연구하는 프로젝트가 있다고 하셨다. 그러니 함께 가서 실험도 하고 구경도 하자는 것이다.

미국에서 크리스마스는 큰 명절이라 롱우드 가든은 어느 때보다 휘황찬란하게 꾸며져 있었다. 밤에는 음악이 흐르는 분수가 켜지고 나무를 휘감은 색색의 조명도 반짝였다. 많은 사람이 식물원에 있었고 다들 미소가 가득했다. 우리도 어느새 그 인파 속에서 함께 사진을 찍으며 웃고 있었다. 나는 그때 내가 식물 공부와 관련해 좀 더 넓고 편안한 시야가 필요하다고 느꼈다. 식물원에 와서 식물과 친해지고 식물에 대해 좋은 감정을 한껏 안고 돌아갈 수 있다면 그런 식물원을 추천하지 않을 이유가 없었다.

선생님: 농업학교를 졸업하면 대부분 농업 쪽으로 진로를 정하는 거예요?

상담자: 꼭 그렇진 않아요. 저 같은 경우는 '나는 식물과 어떻게 함께 살아가고 싶은 걸까?' 생각해요. 전 식물과 뭔가를 같이 할 수 있기만 하면 된다는 생각이거든요. 좀 더 자세하게 찾아보고 싶은데 글로 아는 것보다 이것저것 해보면 더 좋잖아요. 그래서 탐색하고 있어요.

선생님: 최근에 어떤 방송 프로그램 촬영을 했어요. 그때 정원이나 숲을 돌보는 분들을 만났거든요? 저는 학문이라는 울타리 안에 계속 있었던 사람이잖아요. 그런 초보 식물학자인데 그때 만난 분들은 식물 가까이 오래 사신 분들이었어요. 아무도 식물학과 관련된 분은 없었고요. 저도 그분들도 식물을 사랑한다는 건 같지만 저와 달리 그분들은 늘 자연 속에 계시는 거죠. 그분들을 만나면서 새삼 놀랐어요. 식물 채집에서 다양한 버섯을 만났는데도 그때 표고버섯을 처음 따본 거예요. '나는 헛배웠나?' 이런 생각까지 들었어요. 그분들은 자연의 언어로 이야기하고, 전 학문적인 언어로 이야기하지만 같은 걸 말하고 있을 때는 신기하기도 했고요. 집에 돌아와서 식물을 학문으로만 대하는 걸 좀 내려놓고 바로 곁에서 실생활로 체득해볼까 싶더라고요. 그래서 이번에 처음으로 오미자청도 담아봤어요. 자연과 자연스럽게 어울리는 경험을 저도 해봐야겠다 싶었어요. 선생님은 저랑 반대되는 방향을 생각하고 계신 것 같아요.

상담자: 네. 저는 농사를 지을 생각이었거든요? 근데 농사를 지을수록 식물을 더 배우고 싶고 알고 싶어졌어요. 식물을 키울 때 느껴지는 어떤 경이로움 같은 것들

이 있잖아요? 왜 그런지가 너무 궁금한 거예요. 이 식물은 왜 이렇게 생겼는지, 저 식물이랑은 다른데 왜 같은 그룹인지 하는 것들이 궁금하고 알고 싶어요.

선생님: 학문적으로 공부하고 싶으신 거네요. 이제 저는 자연의 세계로 나가야 하고, 선생님은 학문의 세계로 들어가셔야겠어요.

상담자: 그런가 봐요. (웃음)

자연 속에 스며들 듯 어울리며 식물을 알아가던 시절이 있었다. 의도하지 않아도 몸이 자연스럽게 자연 속에 파묻히던 시절이다. 식물상담소에서 이야기를 나누다 보니 연구와 학문으로 식물을 대하다 잊어버린, 식물이 마냥 좋던 어린 시절의 기억이 떠올랐다.

8살 즈음 나는 논두렁을 다니면서 쑥 캐는 걸 좋아했다. 그 어린 나이에 바구니와 작은 과도를 들고 논두렁에 앉아 쑥을 캤다. 한번은 용기 내 집이 보이지 않을 때까지 멀리 있는 논두렁에 간 적이 있다. 쑥을 캘 때 사람을 만난 적이 없었는데 그날은 처음으로 사람을 만났다. 아주머니 여러 명이 시장에 쑥을 팔기 위해 완전무장을 하고 오신 거였다. 어쩐지 그곳엔 쑥이 무척 많았다. 아주머니들은 어린아이가 논두렁에 혼자 있는 걸 걱정하시면서도 농담 반, 신기함 반으로 "이 꼬맹이가, 여기 우리 밥벌이 하는 덴데?" 하셨다.

그 당시 나는 맛과 향이 강한 쑥을 좋아하지 않았다. 그런데도 열심히 쑥을 캤다. 봄날에 올라온 쑥의 보드라운 감촉이 좋았고, 초록색 새싹과 묵은 뿌리 사이를 깔끔하게 톡톡 뜯는 느낌도 좋았다. 그렇게 쑥을 캐 가면 어머니가 쑥국을 끓이셨고 그걸 가족들이 먹는 게 신기했다. 가끔 동네 분이 알려주신 이름 모를 새싹도 함께 캐어 갔는데 나물로 무치면 오이 향이 난다고 어머니가 좋아하셨다. 논두렁에는 봄맞이꽃, 큰개불알풀, 광대나물, 쇠뜨기 뱀밥(포자가 달린 생식 줄기) 등이 봄볕에 피어나서 그걸 계속 관찰하다가 빈 바구니로 돌아올 때도 있었다. 순수하게 그저 식물과 함께 있는 것이 좋던 시절이다.

생각해보면 식물을 재미있게 공부하는 방법도 잊고 있던 것이 많다. 학부 때 처음 식물분류학 실험실에 들어가 밥을 먹는 데 선배가 여기서 밥을 먹을 땐 제일 처음 할 게 있다고 했다. 밥상 위에 놓인 채소들이 어느 분류군인지 알아맞히는 공부였다. 쌀은 벼과, 당근은 산형과, 배추는 십자화과, 상추는 국화과, 오이는 박과, 감자는 가지과 같은 걸 맞혀야 했다. 이제 막 공부를 시작하는 후배가 실험실에 들어올 때마다 그 선배의 교육법이 생각나 웃음이 났다.

선배는 식물 채집에서 자주 식물을 먹어보라고 권하기도 했는데 그걸 '식동정'이라고 불렀다. '동정'은 무슨 식물인지 맞히는 것을 말하는데 '식동정'은 먹어서 맞히는 것을 말한다. 사실 '식동정'은 없는 용어고 과학적이지도 않다. 선배 말을 믿고 먹어야 할지 말아야 할지 주저하고 있는, 식물을 잘 모르는 후배를 놀리려고 그러는 것이다. 그럴 때 나는 무조건 먹었다. 독이 없다는 건 알고 있어서 맛이 궁금했다. 놀리려고 하는 것도 있지만 '식동정'이나 냄새를 맡는 것, 촉감을 느끼는 건 식물을 빨리 익히고 기억하는 데 도움이 된다고 선배는 덧붙였다. 그런 재미있는 방법들로 선배는 내 식물 공부를 도와주었다.

가만히 생각해보면 어릴 때 내가 식물을 좋아했던 이유를 많이 잊고 있었다. 식물과 쉽게 친해지고 재미있게 공부하는 방법도 말이다. 분명 지금도 식물을 좋아하고 사랑하는데 어느새 그런 기억을 잊고 자꾸만 식물을 연구 대상이나 일로 대하게 된다. 식물상담소에 찾아온 사람들의 질문에 답하면서 잊었던 마음을 다시 들여다볼 수 있어 감사했다.

식물상담소를 찾은 많은 분들이 바쁜 일상을 살아가며 잊고 있던 자연을 향한 마음을 되새길 수 있길 바랐다.

상담 시간에 제한이 있어 학문적으로는 간단한 것밖에 전달 드릴 수 없었지만 식물 곁으로 한 발짝 더 다가가는 데 도움이 되셨다면 좋겠다. 내게 그분들과의 만남이 잊고 있던 마음을 돌아볼 수 있는 시간이었던 것처럼 말이다.

식물이 간직한
신비롭고 소중한 비밀들은
아마도 식물 곁에서
식물의 사계절을
지켜본 사람만이
알 수 있을 것입니다.

산딸나무 *Cornus kousa*

왜 하나만 잘하는
전문가가 되어야 하지요?

"꿈이 뭐니?"

어디선가 듣기로 요즘 학생들에게 이런 질문을 하는 것은 실례라고 한다. 어릴 때 어른들께 듣던 단골 질문이었는데 세상이 많이 변화해가고 있구나 느낀다.

이 말을 들을 때면 존경하는 작가님의 말씀이 떠오른다. 꿈과 직업을 나누어 생각해보면 '꿈이 뭐냐'는 질문도 달리 여겨질 거라는 말씀이다. 가령 꽃과 함께 있는 것이 좋아서 "난 평생 꽃을 곁에 두겠어!"라고 꿈꾸는 사람이 있다고 해보자. 평생 꽃과 함께하는 여러 가지 방법 중에서 어떤 걸 현실화하면 그것이 그 사람의 직업이 된다는 것이다. 가만히 생각해보면 꿈이 없는 사람은 없을 것이다. 직업이 될 수는 없어도 우리 모두 좋아하는 것이 있을 테니까.

선생님: 진로 고민인가요? 진로상담도 많이 하세요.

상담자: 많이 걱정하고 왔는데 다행이에요. 제가 서양화과에 재학하고 있고 지금 졸업반인데 4학년이 돼서야 산림환경학 부전공을 시작했어요. 저번 학기에 식물분류학 수업을 들었는데 엄청 좋았거든요. 정작 전공인 미술을 소홀히 하게 되는 것 같기도 했지만 생물 공부가 즐거웠어요. 그러다 졸업할 학기가 되니까 미대생이 생물학 수업을 듣는 걸 교수님들이 이상하게 생각하시고 왜 듣느냐고 물으세요.

선생님: 교수님마다 다르겠지만 아마 걱정이 돼서 그러시겠죠?

상담자: 그렇죠. 그런데 전공 교수님들뿐만 아니라 생물학 교수님들도 이 수업을 왜 듣느냐고 하시니까 '내가 지금 방황하고 있는 건가?' 걱정스럽고 수업 신청할 때

는 혼날 것 같다는 생각도 들고요. 저조차도 뭘 하고 싶냐는 물음에 정확히 답을 못 드리니까요.

선생님: 좋아하는 것을 두 개 다 해도 상관없어요. 너무 혼란스러워하지 마세요. 여러 개를 선택해도 돼요. 사람이 하고 싶은 게 많잖아요.

상담자: 제가 고등학생도 아닌데 왔다 갔다 하는 게 괜찮은 건가 하는 생각이 자꾸만 들어요. 저는 정말 미술을 좋아해요. 미술을 좋아하는 채로 남고 싶어서 이걸로 돈을 번다는 게 무섭기도 하고요.

선생님: 예순 살까지 이것도 저것도 마음껏 해보며 살아도 돼요. 아니, 평생 그렇게 살아도 된다고 생각해요. 꿈과 직업을 구분해서 생각해보면 어떨까요?

좋아하는 것을 탐구한다는 건 무얼까? 몇 달 전 만난 식물학을 공부하고 있는 상담자도 비슷한 고민을 털어놓았다. 식물학을 선택하기 전에, 한때 토양학에도 관심을 가졌다고 했다. 한번은 토양학 수업에서 채집을 따라가 온갖 곳을 돌아다니며 흙을 채취했다. 흙을 빚어 도넛 모양을 만드는데, 흙의 입자가 고우면 고울수록 도넛 모양이 온전하게 만들어진다. 큰 감흥이 없던 상담자와 달리 채집을 지도했던 선생님은 도넛을 만들며 너무 행복해 보였다고 한다. 상담자도 즐겁게 만들긴 했지만, 그분은 즐거움을 넘어 환희에 찬 모습이었다고. 그래서 토양학은 자신의 길이 아니구나 하고 생각했단다.

대학이든, 대학원이든, 직업이든 좋아서 선택했는데 가보니 생각했던 길이 아닐 수도 있을 거다. 실망하거나, 잘못 선택했다고 초조해하거나, 혹은 시간을 낭비했다고 후회할 수도 있지만 경험해보고 결정하는 게 더 좋다. 밖에 있으면 분명 알 수 없는 것이 많고 경험해보고 그만두어도 늦지 않다. 열심이었던 처음의 마음과 열정도 좋은 일일 테니까.

그만하면 되었다고 어느 선에서 만족하기도 하는데 그것도 좋은 일이다. 환희에 찬 토양학 선생님만큼 상담자가 토양학을 좋아하지 않았다고 생각할 수도 있지만, 어쩌면 토양을 좋아하는 방법이 달랐을 수도 있다. 상담자가 나중에 식물학과 토양을 융합한 어떤 것을 하고 있을지도 모른다.

두 가지 꿈 사이에서 방황하는 여러 학생들과 자녀의 진로에 도움을 주고픈 학부모님들이 식물상담소뿐만 아니라 이메일을 통해, 혹은 전시에 찾아와서 질문한다. 그때마다 나는 내 경험을 들려준다.

나는 어릴 때부터 식물과 그림을 모두 좋아했지만 식물을 계속 공부하길 권하는 어른은 없었다. 어른들은 결과물이 눈에 보이는 그림에 재능이 있다고 여겼다. 식물은 그런 게 아니었다. 어른들은 화가나 디자이너 같은 직업을 권하거나 미대에 진학하길 추천했다. 주변 누구도 식물분류학자를 알고 있는 사람은 없었다. 첫 번째 꿈이 식물학자라고 말했음에도 모두들 자연스레 미대에 가겠지 했다.

다행히 학부 때 식물분류학 실험실을 잘 찾아서 식물학을 배우고 지도교수님의 조언으로 식물 그림도 함께할 수 있어 기뻤다. 그러나 막상 석사 진학을 앞두자 지도교수님은 걱정하시며 석사 때는 그래도 식물 공부만 하고 그림은 좀 미뤄두는 건 어떠냐고 하셨다. 그때 또 고민하며 그림을 접어야 한다는 생각에 우울했다.

주변의 우려가 나를 걱정스럽게 만들었지만 좋아하는 그림을 손에서 놓지 않았다. 낮에는 식물을 공부하고 밤이나 주말에는 그림을 그리며 석사 학위 2년을 잘 마무리했다. 박사 진학을 앞두었을 때도 주변 어른들이 이제는 정말 그림을 잠시 내려놓으라고 하셔서 또 고민하게 되었다. 그러나 일단 둘 다 해본 다음, 만약 식물 공부에 방해된다면 스스로 멈춰야겠다고 생각했는데 오히려 그림은 식물형태학 공부에 도움이 되었다. 그리고 어느새 화가라는 직업을 가지게 되었다. 우리는 우리보다 어린 이들이 걱정되어 가장 좋다 생각되는 조언을 주지만, 그건 우리의 경험 안에서 가장 좋은 걸 고른 것일지도 모른다. 우리의 경험 바깥에 다채로운 세상이 있다. 어떤 인생의 경로를 선택할지는 어린 이의 판단일 것이다.

지난 나의 고민과 경험을 짧게 전달하지만 사실 긴 시간 동안 어려운 과정을 겪었다. 자신감이 떨어지거나 사랑하는 이들의 조언을 따라가려고 노력한 적도 많다. 내적으로는 항상 상담자처럼 폭풍우 같이 방황하는 상태였다. 요즘은 여러 분야에서 융합을 권장하지만, 한때는 하나를 잘 아는 전문가여야 된다는 인식이 강했다. 전공 선택부터 하나를 깊이 공부해 그 분야의 전문가가 돼야 한다는 조언도 많았다. 그런데 어느새 융합이나 통합을 통한 시너지를 이야기하는 시대가 되었다.

예전에 나는 폭풍우 같은 고민을 해결하기 위해 "왜 우리는 하나만 잘하는 전문가가 되어야 할까?" 깊이 생각했다. 전문가는 대학에서 하나의 전공을 파고든 경우가 많았다. 그래서 대학이 언제 처음 생겼을까, 우리는 현재의 대학 커리큘럼을 언제 정립했을까, 그보다 옛날 사람들은 어땠을까, 여러 가지를 한 사람은 누가 있을까 스스로 질문하며 찾아보고 탐구했다.

우리가 잘 아는 『파우스트』의 작가 괴테 Johann Wolfgang von Goethe, 1749-1832는 철학자이자 과학자이기도 했다. 『데미안』을 쓴 헤세 Hermann Hesse, 1877-1962는 시인이자 소설가이면서 화가였다. 생태학에 이바지한 헤켈 Ernst Haecke, 1834-1919은 생물학자이자 의사이며 화가였다. 교육서 『에밀』을 쓴 루소 Jean-Jacques Rousseau, 1712-1778는 교육학자이자 소설가, 작곡가이면서도 식물학에 조예가 깊었다. 생물학에서 빠질 수 없는 린네와 다윈도 여러 직업을 가졌다. 한 사람이 백 세를 누리는 요즘의 인간 수명을 생각하면 그리 오래전은 아니다.

나는 이런 사례들을 찾으면서 용기를 가졌다. 지금은 하고 싶은 일, 여러 가지 꿈을 이루는 데 주저함은 없다. 그리고 좋아하는 일 앞에서 갈등하는 많은 이들이 주저하지 말고 용기를 더 냈으면 좋겠다. 어쩌면 우리는 좋아하는 꿈을 어릴 때 더 확실하게 알고 있는 것 같다. 식물상담소를 찾아온 어린이들을 보면 말이다.

선생님: 요즘 이런 거 물어보면 안 된다 들었는데……. 꿈이 뭐예요? 이런 질문을 해도 괜찮을까요?

아버지: 괜찮아?

어린이1: 네! 난 꿈이 세 개예요!

어린이2: 저도 꿈이 세 개예요.

어린이1: 하나는 작가고, 하나는 의사고, 하나는 사육사예요!

선생님: 식물학자는 결국 없어. (웃음)

어머니: 식물은 없어. (웃음)

어린이2: 저도 꿈이 세 개예요! 화가랑 농부랑 가수가 될 거예요!

번행초 *Tetragonia tetragonioides*

좋아하는 건 자연스럽고 행복한 일입니다.
커다란 이유가 필요하지도 않지요.
나에게 소중하고 감격스러운 작은 순간들이
무언가를 좋아하게 되는 큰 이유가 되기도 하니까요.

식물에는 국경이 없다

'토종'이라는 단어가 자주 보인다. 특히 토종 쌀, 토종 옥수수, 토종 고구마처럼 작물 앞에 붙는 경우가 흔하다. 한국산 혹은 오래전부터 있던 야생종이라는 의미로 받아들여지곤 하는데, 토종의 뜻을 찾아보면 '본디부터 그곳에서 나는 종자'를 말한다.

그래서 우리나라 토종 쌀, 한국 토종 옥수수 등은 좀 이상한 표현이다. 왜냐하면 쌀은 중국, 옥수수와 고구마는 아메리카가 원산지이기 때문이다. 그러니 토종 쌀은 중국에 있는 야생종을 의미할 것이다. 만일 한국에 들어와 초기에 키워진 쌀을 표현하고 싶다면 재래품종 쌀이 더 정확할 것이다.

식물학에서는 토종이라는 단어보다 '자생'이라는 단어를 사용한다. 한반도에서 저절로 태어나 진화하며 계속 살아온 식물을 한국 자생식물이라 부른다. 그러니 우리나라 식물이란 말은 한국 자생식물을 의미할 것이다. 그런데 우리가 자주 접하는 친근한 식물 중엔 생각보다 우리나라 식물이 많지 않다.

상담자: 어릴 때 아버지랑 산에 함께 가면 풀 이름을 알려주셨어요. 그 기억이 좋게 남아 있어요. 잊고 지내다가 1~2년 전부터 길가에 핀 꽃이나 나무가 궁금해졌어요. 근데 이름을 알기도 어렵고 해서 계속 궁금해하고만 있어요.

선생님: 혹시 집에 식물도감 있으세요?

상담자: 하나 있는데 길가에 핀 식물들이랑은 너무 동떨어진 도감이라 볼 엄두가 잘 나지 않네요.

선생님: 그렇죠. 초보자가 식물도감에서 찾기도 힘들거니와, 길에 있는 식물은 도감에 안 나오기도 해요. 왜냐

면 길에서 보는 식물들은 외국에서 들어온 경우가 많아요. '귀화식물', '외래식물'인데 자생식물이 주로 있는 도감이라면 아무리 뒤져도 안 나올 거에요. 무궁화도 사실 우리나라 식물이 아니잖아요?

상담자: 그래요? 저 바깥에 있는 가로수도요?

선생님: 플라타너스*Platanus*라고 흔히 부르는데 한글 이름은 양버즘나무에요. 그리고 플라타너스 종류가 더 있어요. 단풍버즘나무, 버즘나무. 열매로 구별하기 쉬워요. 이 나무들도 다 외국에서 들어왔어요.

상담자: 아아. 한글 이름은 처음 들어봐요. 복숭아 정도가 우리나라 식물일까요?

선생님: 복숭아도 우리나라 식물이 아니에요.

상담자: 아니, 복숭아도요?

밥상 위에 올라가 있는 식물의 원산지를 살펴보면 재미있다. 된장찌개 안을 들여다보면 남미에서 온 감자, 아메리카에서 온 호박, 멕시코에서 온 고추, 중앙아시아에서 온 마늘, 중국에서 온 파 등이 들어 있다. 인도에서 온 오이, 유럽과 서남아시아에서 온 당근, 지중해와 시베리아에서 온 상추 등 다른 채소도 대부분 외국이 원산지여서 콩의 원산지가 한반도 일대라는 게 오히려 놀랍다. 과일도 마찬가지다. 중국에서 온 복숭아, 발칸반도에서 온 사과, 서아시아에서 온 포도 등이다.

주변에 심는 식물도 외국에서 온 식물이 흔하다. 가로수로 가장 많이 심는 은행나무, 양버즘나무, 담장에 덩굴로 키우는 능소화, 장미, 공원에 심는 산수유, 배롱나무, 우리나라 문화에 오래전부터 등장한 매화, 모란, 연꽃도 외래종이다. 잡초 중에 달맞이꽃, 토끼풀, 개망초, 방가지똥, 자운영 등은 이름이 친근하여 우리나라 식물로 오해하기도 하는데 이들도 외래종이다.

식물상담소를 열 때마다 잡초를 준비해 갔다. 상담자와 함께 돋보기로 식물을 관찰하면서 식물의 구조를 설명해 주기 위해서다. 잡초여도 하나하나 꽃병에 꽂아두고 관찰하면 예쁘지 않은 것이 없다. 한번은 어떤 상담자가 이렇게 매번 예쁜 꽃을 꺾어와도 괜찮냐고 물어왔다. 꽃병에 정갈하게 담긴 잡초가 누군가 키우는 식물이라 생각하신 모양이다.

우리나라 아파트 단지나 개천 같은 곳을 걷다 보면 구석구석에서 정말 많은 외래종 잡초를 볼 수 있다. 가시박, 돼지풀, 미국쑥부쟁이, 자주개자리 등이다. 이 식물들은 물을 이용해 씨앗을 널리, 빠르게 퍼뜨리기도 해서 개천 주변에 뒤덮여 있는 모습도 쉽게 볼 수 있다.

식물을 꺾어 상처를 주거나 죽이는 게 마음 아프지만 그런 외래종은 강한 생존력으로 한국에 자리 잡아 자생종을 밀어내고 생태계를 파괴하는 침입종이다. 재미있는 것은 흰 꽃이 만발하는 미국쑥부쟁이나 보라색 꽃이 귀여운 자주개자리는 똑같이 지독한 침입종임에도 가시박과 돼지풀처럼 천대받지 않는다. 식물상담소에서 늘 인기가 좋았다. 오래전에 우리나라에 자리 잡은 달맞이꽃과 토끼풀을 만나면 사람들은 정답게 반겨주기까지 했다.

산책하는 개천 둔치에는 철 따라 식물이 가꾸어져 있다. 물 쪽으로 흙이 무너지지 않도록 큰 돌을 쌓아 축대를 만들어두었는데, 그 위에 코스모스, 유채, 개양귀비, 노랑코스모스, 기생초 등이 심어져 있는 것이다. 산책하거나 운동하는 사람들, 자전거를 타는 사람들이 길을 멈추고 사진을 찍는 모습을 쉽게 볼 수 있다. 나도 그 틈에 끼어 사진을 찍는다.

이런 때 나는 특정 꽃만 골라서 찍는다. 지정된 흙 위를 벗어나 점차 강 가까이 뛰쳐나가는 꽃들이다. 씨앗이 퍼졌거나 빗물에 씻겨 내려서 축대 틈이나 강물에 발을 담근 꽃들 말이다. 일종의 사건 현장이라 찍어둔다. 많은 외래식물이 처음에는 정원 식물이었다. 야생으로 뛰쳐나가 침입종이 되고 터를 잡아 귀화식물이 되는 것이다. 예뻐서 심었는데 결국 우리나라 생태계를 파괴하는 식물이 되는 것을 보면 차라리 생식능력이 없도록 개발한 원예종이 낫겠다는 생각도 든다. 그 식물 입장에선 슬프지만 그래도 생태계 교란을 덜 일으키지 않을까.

아메리카, 유럽, 중앙아시아 등 국적도 다양한 새로운 침략종이 골칫거리가 될 때마다 뉴스에 등장한다. 그래서 우리나라 사람들에게 외래종, 침략종, 귀화식물에 대한 인식이 별로 좋지 않은데 우리나라 식물도 해외서 마치 범죄자처럼 뉴스에 등장한다. 대표적으로 칡이 있다. 칡은 세계 최악의 침입종 100순위 안에 든다. 한때 칡은 등나무 같은 보라색 꽃이 예뻐 아름다운 조경수로 소개되었다. 그러나 지금은 줄기를 제거해도 잘 죽지 않아 전 세계 사람들이 칡을 죽이는 법을 배우고 공유한다.

미국 연구소에 있을 때 숲속을 산책하다가 생각지도 못한 친숙한 식물을 만나 놀랐다. 그건 깻잎(들깨)이었다. 미국 마트에서는 깻잎을 팔지 않았다. 한인 마트에 드물게 있지만 비싸서 쉽게 사 먹지 못했다. 그런데 연구소 숲속은 물론 멀리 채집 간 숲속에도 깻잎이 많았다.

처음에는 잎이 비슷한 다른 식물이겠거니 해서 연구소로 가져와 조사해 보았는데 정말 깻잎이었다. 나는 실험실 동료들에게 우리나라 사람들이 좋아하는 채소라고 알려주었는데 다들 먹을 수 있다는 걸 처음 알았다며 놀라워했다. 그런데 가만히 생각해보니 먼 미국 땅에 자리 잡은 이 골칫덩이 침입종은 왠지 한국인의 소행이 아닐까 싶었다. 깻잎은 유독 한국인이 좋아하는 채소니까.

한편, 침입한 외래식물에 대해 다른 사람들처럼 부정적 인식이 강했던 나는 미국에서 한 세미나를 듣고 긍정적인 면도 생각하게 되었다. 인간에 의해 웬만한 식물은 자랄 수 없는 파괴된 장소에 강인한 생존력을 가진 외래종이 처음 자리를 잡아 그 지역의 이산화탄소 농도를 낮추었다는 연구였다. 외래종이 갑자기 등장해 자생식물들의 생태계 흐름을 어지럽히는 건 부정적인 일이지만 외래종도 결국 식물이다. 식물은 어디서든 광합성이란 자신의 본분을 잊지 않는다.

식물에는 국경이 없다. 어떤 나라의 소속이라고 식물을 편 가르는 건 무의미하다. 식물은 각각 자신만의 영역이 있을 뿐이다. 울릉도에서 만난 주름제비란을 러시아 캄차카반도에서 만났을 때 감격스러웠지만, 생각해보면 그건 주름제비란의 자생 범위여서 당연한 일이었다.

식물은 모두 자신만의 국경을 가지고 살아왔다. 인간이 마음대로 옮기고 외래종, 침입종, 귀화식물이란 딱지를 붙였을 뿐이다. 식물에겐 본디 죄가 없다.

생달나무 *Cinnamomum yabunikkei*

걸씨식물 열매들

걸어 다니는 식물도감

"이 식물 이름이 뭐예요?"

식물학을 한다고 하면 가장 많이 듣는 질문이다. 사진을 보여주며 물어오는 분도 있다. 한번 보고서 이름을 말하면 너무 신기해하며 어떻게 이 많은 식물의 이름 하나하나를 아는지 궁금해한다. 요즘은 사진을 찍어 올리면 대략적인 식물 이름을 알려주는 앱도 있지만, 컴퓨터도 아닌데 한 사람이 많은 식물을 외우고 있다는 게 신기한 모양이다.

사람들은 식물에 관심을 가지면 제일 먼저 이름부터

궁금해한다. 그래서 외우려 하다 보면 생각보다 식물이 많아 헷갈리고 막막해 곧 그 암기 비법을 물어본다. 전문적이고 정확한 지식까진 아니더라도 길 가다 만난 식물이 무엇인지는 스스로 알 정도였으면 좋겠다고 말이다. 그런데 사실 그건 쉽지 않다.

선생님: 학부 수준의 식물분류학을 배우고 싶으신 거예요? 아니면 길을 가다 식물을 보면 "어, 뭐다!" 하고 아는 정도가 됐으면 좋으신 거예요?

상담자: 그 사이쯤 아닐까요? (웃음) 이름만 알고 싶으면 사실 주변에 식물을 좀 아는 분들이랑 같이 다니면서 물어봐도 돼요. 저는 그것보다는 좀 더 근본적으로 왜 이렇게 생기게 되는지, 그런 걸 알고 싶어요. 분류학에서 보면, 식물들이 나눠진 이유가 다 있더라고요.

선생님: 그러려면 학부생들이 배우는 식물분류학이나 식물계통학 책 중 좀 쉬운 책을 골라 공부하시면 될 것 같아요. 그런데 전문 용어가 많고 어려워서 좀 힘들 수 있어요. 산형화서, 산방화서, 포영, 호영, 취과, 핵과, 밀선 등등 읽어도 용어를 모르면 이해가 안 될 거예요. 먼저

도서관에 가셔서 나한테 맞는 책이 뭔지, 내가 시작할 수 있는지 살펴보시면 좋고요. 그런데 사실 공부도 좋지만 주변 식물 이름을 알려고 하고 자주 찾아보는 것도 중요해요. 식물을 잘 아는 학자들은 대학원생이 되기 전부터 이미 식물 마니아인 사람이 많아요. 어릴 때부터 식물 이름을 어느 정도 외우고 있는 학생들이요. 그걸 기초로 지식을 확장하면 빠르거든요.

상담자: 조기교육이 잘 되어 있는 거네요. 자연에 가까이 접해 있는 아이들이요.

선생님: 네. 시골 출신도 많고요. 어릴 때부터 식물을 다양하게 접하면서 구별할 수 있는 날카로운 눈을 가진 거죠. 어려운 식물용어를 몰라도 어느 그룹인지 예측할 수 있고 식물 구조도 이미 알고 있죠.

생물학에서 '동정'은 종의 소속이나 이름을 밝혀내는 걸 말한다. 식물채집을 갔다 오면 식물 표본을 만들게 되는데 그때 식물을 동정해 이름을 표본 라벨에 기록해야 한다. '식물 이름을 잘 알았으면 좋겠다'라는 건 '식물 동정을 잘했으면 좋겠다'라는 말일 것이다. 교과서 같은 대답이지만 식물 동정의 왕도는 경험과 반복 학습이다. 암기 능력은 개인의 차이라 어쩔 수 없지만, 다양한 식물을 많이 만나고, 표본을 많이 관찰하고, 도감을 많이 보면 된다.

등산과 채집이 힘들어서, 채집해 온 쌓여 있는 식물 표본을 하나하나 살펴 도감에서 찾아내는 일이 엄두가 나지 않아서 싫어하는 학생들이 있다. 그런 학생들은 식물 종이 너무 많다는 생각에 막막해하며 식물분류학을 그만두기도 한다. 반면에 반대 성향의 학생들은 지구에 식물이 너무 많아 계속 공부할 수 있는 점이 좋다고 한다.

좀 슬픈 얘기지만, 학부생이 되어서야 식물에 관심을 가지고 석사과정에 들어와 식물을 외우고자 하면 늦었다고도 한다. 어린이였을 때부터 식물 마니아였던 학생을 따라잡기는 아주 힘들기 때문이다. 옆 사람에게 물어보는 것도 한두 번이지 매번 물어보면 자존심이 상한다. 식물을 연구하는 사람들은 이런 이야기도 한다. 식물 채집을 갔는데 산 아래에서 후배가 "이 식물 뭐예요?"라고 물으면 친절하게 알려주고, 산 중간에 이르러 똑같은 식물을 물어보면 그냥 알려주고, 산꼭대기에서 세 번째 물으면 선배에게 아주 혼이 난다는 이야기다.

주변에 흔한 식물도 잘 모르는 상태에서 어쩔 수 없이 혼자 수많은 야생식물을 동정해야 할 때는 도감을 어디서부터 펼쳐야 할지 너무 막막할 거다. 그러면 이런 가르침을 받게 된다. 우리나라 식물 4천 종이 다 들어 있는 2천 페이지짜리 도감을 처음부터 한 장씩 찬찬히 넘겨보며 찾으면 된다고. 놀리거나 벌을 주는 것인가 생각할 수도 있지만 식물 도감을 첫 페이지부터 끝까지 수없이 정독하는 건 정말 좋은 공부 방법이다.

여섯 살 때 부모님이 사주신 어린이 식물도감을 보는 걸 좋아했다. 무엇보다 꽃 사진이 예뻤고 가끔 집 주변 식물을 알아맞힐 때마다 기뻤다. 중간중간 작게 그려진 캐릭터가 식물의 특이한 점을 설명해주는 것도 재미였다. 책이 헤어져 책장이 한 장씩 떨어져나갈 때까지 매일 도감을 봤다. 그 이후에 갖게 된 어른을 위한 식물도감엔 어린이 식물도감에는 없던 새로운 식물이 소개되어 있어 좋아했다.

자연스레 식물을 꽤 아는 상태에서 학부 실험실에 들어가게 되었다. 선배들에게 식물을 잘 안다고 칭찬받고, 또래 식물학도 중에 가장 뛰어난 것 같다는 과찬도 들으며 아주 자신만만했다. 그러나 실험실에서 전문적인 도감들을 만났을 때 생각보다 종이 훨씬 많고 근연종과 구별도 어려워 어느 하나 쉽게 동정하기는 힘들다는 걸 깨달았다.

어느 날 실험실에서 표본을 보며 식물 동정을 하고 있

는데 누군가 불쑥 들어왔다. "안녕? 그거 끈끈이여뀌네? 꽃차례 밑에 줄기를 만져봐. 끈적끈적할 거야." 하고 휙 사라졌다. 그때 나는 아마추어적 지식으로 알고 있던 몇 가지 여뀌 중 하나겠거니 하고 도감을 펼쳤다가 기생여뀌, 장대여뀌, 털여뀌, 바보여뀌, 가시여뀌, 흰꽃여뀌, 흰여뀌, 산여뀌, 가는여뀌, 이삭여뀌 등등에 아주 호되게 당하고 있었다. 멀리서도 식물을 알아맞힌 게 신기해 존경스러운 눈으로 "저 사람 누구예요?"라고 옆에 있는 선배에게 물었다. 그러자 선배는 "응, '걸어 다니는 식물도감'이야."라고 하셨다. 한참 전에 졸업한 선배 박사님이셨다. 나중에 알게 되었지만 '걸어 다니는 식물도감'은 식물분류학자들 사이에서 칭찬하는 용어였다. 그때 나는 나도 '걸어 다니는 식물도감'이 되겠다고 다짐했다. 하지만 조기교육에도 불구하고 아직 걸어 다니는 식물도감은 되지 못한 것 같다.

식물분류학에서 채집과 표본 제작, 동정은 기초 공부다. 시간과 끈기가 필요하다. 좋은 논문을 쓰려면 DNA 분석과 같은 분자생물학적 연구와 계통학적 컴퓨터 분석 등 최신 학문 또한 공부해야 한다. 어린 시절부터 식물 이름을 줄줄 외우고 있는 학생은 신입일 때 수월하게 기초 공부를 섭렵할 수 있다고 짐작할 수도 있다. 그러나 동정 공부에는 만만치 않은 그다음 단계가 있다. '이 식물 이름은 이것, 저 식물 이름은 이것' 하며 이름을 잘 맞춰 자신감이 넘치다가 식물분류학적 용어를 근거로 대며 '이러저러한 이유로 이 식물은 이것, 이러저러하니까 저 식물은 이것' 하며 얘기하는 선배 연구자를 보면 자신이 그림 맞추기를 잘한 것에 불과하다는 걸 깨닫는다.

재미있는 것은 연구를 오래 할수록 점점 더 이름을 쉽게 얘기하지 않는다는 것이다. 가끔 식물 이름을 잘 아는 아마추어가 내가 존경하는 식물학자를 흉보며 자신보다 식물 이름을 잘 모르더라고 얘기할 때면 무척 속상했다. 연구를 오래 하신 분께서 이 식물 이름이 뭐냐는 간단한 물음에 답을 안 하시거나 머뭇거리신다면 아마 나중에 넉넉히 시간이 있을 때 전래동화 같은 긴 답을 받을 수 있을 거다.

"예전에 어떤 학자가 이러저러한 형태학적 근거로 이런 종이라 명명했지만, 중간에 어떤 학자가 추가 분석을 해서 저쪽 분류군으로 옮겨 갔다가, 최근에 연구자가 쓴 논문을 봤더니 유전자분석으로 이 종이 기존의 종과 비슷해서 통합되어야 하는 것이 맞는 것도 같은데, 그 이후 유전체 분석 논문은 또 좀 달라서…… 그런데 말야, 또 근래에 어떤 학자가 비슷한 신종을 보고했단 말이지. 그 종은 분자계통학적으로 가깝기는 한데 형태학적으로는 달라서 같은 종이라고 말할 수는 없지만……."

"그런데 이 식물을 왜 여기에 가져오셨어요?"
"이걸 보여드리려고요. 한번 설명을 듣고 관찰하고 나면
그 다음부터는 길에서 보일 거예요."

가시복분자딸기 *Rubus schizostylus*

식물이 죽으면
비밀 친구가 사라지는 거니까요

　　고대 그리스 시대부터 식물과 동물을 구분하는 중요한 특징은 '움직임'이었다. 동물이 식물의 열매를 가져가고 다치게 해도 식물은 가만히 있다. 식물도 분명 자라고 움직이고 있지만 재빠른 동물보다 정적이라 수동적인 존재로 여겨진다. 무심코 무생물처럼 여기거나 죽어 있다고 느끼기도 한다. 움직일 수 없는 특징 때문에 식물의 죽음은 예견되기도 한다.

　일부 식물은 환경이 좋다면 동물보다 길게 살 수 있다. 어떤 나무는 수명이 수천 년이 넘는다. 그러나 자리 잡은 곳의 환경이 좋지 않다면 식물은 죽는다. 대표적인 곳이 베란다와 화분이다. 베란다에서 화분에 담아 식물을 키우는 방법은 자연환경과 비교해보면 식물에게 위험한 환경이다. 사람이 한 번만 깜빡하고 물을 주지 않으면 식물은 곧 죽음을 맞이하니까.

인간의 공간으로 여겨지는 도시라도 환경이 적합하면 식물은 오래 살 수 있다. 집 근처에 오래된 아파트가 있다. 그곳에는 지하 주차장이 없어서인지 나무들이 깊게 뿌리를 내려 높이 자라고 있다. 오래된 절에나 있을 법한 거대한 은행나무도 한 그루 있는데, 잎이 무성한 계절에는 아파트 동 사이의 공간을 가득 메워준다.

아파트에서는 주차장이 부족하면 나무를 베는 경우가 있다. 비좁은 주차장에도 불구하고 그 아파트는 넓은 공간을 차지한 은행나무를 베지 않았다. 분명 누군가는 그 은행나무가 거대해지기 전에 건의했을 것 같은데 그보다 많은 주민이 은행나무가 있길 바란 모양이다. 가을에 은행잎이 물들 때 베란다 너머로 보이는 노란 물결을 사랑하는 이라면 나무를 지키고 싶었을 것 같다. 사람이 마음만 먹으면 언제든 식물을 죽일 수 있지만, 사람이 다르게 마음을 먹으면 아파트 단지에서도 건물만큼 거대한 나무를 키울 수 있구나 싶었다.

죽이려 노력했던 식물이 살아남아 우리를 숙연하게 하기도 한다. 불이 붙으면 딱딱한 겉껍질을 태워 더 쉽게 싹을 틔우기도 하고 잘린 나뭇가지나 잎 한 조각에서 뿌리를 내리기도 한다. 상담소에 찾아온 한 꼬마가 매일 다니던 길에 못 보던 식물이 느닷없이 등장해 놀랐다며 사진을 보여주었다. 맹아지였다. 가끔 큰 나무를 죽이려 둥치를 자르면 그 곁에서 맹아지가 솟아오른다. 나무는 땅 위에 뻗은 나뭇가지만큼 땅속에 뿌리가 뻗어 있다. 그 중간인 둥치가 잘려버리면 나뭇가지로 전달하지 못한, 뿌리가 끌어모은 영양분으로 순식간에 맹아지를 땅 위로 올려낸다. 예전에 만난 어떤 할머니는 애지중지하던 감나무가 태풍에 쓰러져 슬퍼하셨다가 마당을 가르듯 솟구친 맹아지를 보고 그 감나무를 더욱 사랑하게 되었다고 하셨다.

인간은 식물이 어느 정도 잘려도 죽지 않는다는 점을 이용하기도 한다. 길에 가꿔진 식물을 열심히 관찰해 온 상담자가 찾아온 적이 있다. 최근 나리류가 길에 흔하게 심겨 있는데 인부들이 와서 꽃봉오리를 잘라내는 걸 보았다고 했다. 그러면서 그 행위를 '꽃의 목을 치는 일'이라 표현하며 어떻게 생각하느냐고 물었다. 아마도 중간에서 하나의 꽃봉오리가 나올 때 그걸 제거해 곁가지로 꽃봉오리가 더 생기게 하는 작업을 본 모양이다.

대표적으로 국화류에 그런 작업을 한다. 꽃의 숫자를 늘려 화분 가득 꽃이 빽빽하게 만드는 것이다. 상담자가 관찰해보니 꽃을 자른 자리에 세 개의 줄기가 갈라져 올라와 세 송이의 꽃봉오리가 생겼다고 했다. 그래서 인간이 왜 꽃의 목을 치는지 알겠으나 꽃의 입장에서는 좋은 일은 아닌 것 같다며 다시 한번 어떻게 생각하냐고 물었다. 상담자는 이미 관찰을 통해 꽃봉오리 줄기를 자르는 이유를 알고 있었고 인간의 잔인함이 느껴져 찾아온 것이었다. '꽃의 목을 친다.'고 표현한 것도 그 때문이었다.

얼마 전 어느 자연사박물관에서 전시를 열었다. 자연사박물관에 맞게 식물 외에도 여러 생물 그림을 전시할 계획이어서 전시 제목에 '자연사 natural history'라는 단어가 들어가면 좋겠다고 학예사님께 말씀드렸다. 평소에 자연사라는 뜻이 흥미롭다고 생각했기 때문이다. 그런데 뜻밖의 이야기를 들었다. 관람객이 자연사라는 단어에서 '식물인간'과 함께 죽음을 떠올리거나 오해하니 신중하게 쓰는 게 좋겠다는 것이다. 한 번도 자연사를 그렇게 생각본 적이 없어서 당황스러웠다. 식물학자로서 늘 식물인간이라는 용어에 왜 식물이 들어가는지 씁쓸했는데 '아, 자연사마저도…….' 라는 생각이 들었기 때문이다. 평소 뉴스에서 식물 정부, 식물 국회, 식물 대통령 등이 등장할 때마다 딱히 항의할 데는 없으나 은근 불만이었다. 식물이 얼마나 명민하고 역동적으로 사는 생물인데 말이다.

그런 내 확고한 생각과 달리 "이 식물이 지금 죽은 건가요?"라는 질문을 많이 받는다. 키우고 있는 식물이 죽었는지 살았는지 잘 모르겠다는 것이다. 어떤 이는 이미 식물이 죽은 지 오랜데도 계속 싹이 나길 기다리며 아직 살아있다고 믿기도 한다. 그냥 보아도 산 식물과 죽은 식물은 분명 생김새가 다른데 구분이 어려운 모양이다. 잎이 없어도 여름눈이나 겨울눈이 살아 있는지, 줄기의 물관과 체관이 촉촉한지, 뿌리가 무르거나 마르지 않았는지, 실 같은 잔뿌리들이 건강한지 살펴보라고 구체적인 방법을 알려준다. 하지만 나는 에너지가 느껴지는 살아 있는 식물과 죽은 식물을 구분할 수 없어 물어본다는 것에 또 쓸쓸해진다.

이 식물이 죽었냐는 질문 자체에서 이미 식물은 살아 있는 존재임을 알 수 있다. 식물도 진짜 죽음에 이르기 전까지 동물처럼 치열하게 살아가고 있다. 곰팡이도, 세균도 그럴 것이다. 나름의 방식이 다를 뿐 생물은 모두 생명을 가진 존재니까.

초등학교에 다니고 있는 어린이 자매와 어머니가 식물 상담소를 찾았다. 어린이들은 키우고 있는 식물 사진을 한 장 한 장 자랑스럽게 보여주며 달뜬 표정을 감추지 못했다. 그 모습이 사랑스럽고 귀여워 약속된 상담 시간을 하마터면 넘길 뻔했다.

　어린이 상담자는 키우던 식물에서 민달팽이를 발견하고는 병에다 키우기 시작했다. 무섭던 처음의 마음은 간데없고 매일 들여다보다 보니 마음을 쓰게 되었다. 달팽이에게 '자연'이라는 이름도 붙여주고 정이 들었다. 그러다 민달팽이가 죽어있던 걸 발견한 날이, 태어나서 가장 슬펐던 날이라고 어린이 상담자는 고백했다. 죽은 민달팽이 사진을 많이많이 찍어 고이 간직할 만큼, '자연'이라는 단어만 들어도 눈물을 글썽일 만큼 말이다. 나는 궁금했다. 키우던 식물이 죽었을 때 어린이는 어떤 마음이었을까.

선생님: 식물이 죽었을 때도 많이 울어요?
어린이: 식물이 죽었을 때는요, 울지 않아요. 식물이 죽어서 버릴 때는 되게 속상해요. 그러다 밤이 되면 꿈에 나와요. 식물이 자꾸 꿈에서 나오더라고요. 그때 울어요, 저는.

선생님: 왜 그렇게 좋아요? 귀여워서?

어린이: 생명은 진짜 소중하기도 하고, 귀엽기도 하고요.

그리고 진짜 저에게 비밀 친구가 생긴 것처럼 그래요.

약난초 *Cremastra variabilis*

위대해질 필요는 없잖아요

    산수유 열매는 가을에 붉게 익어도 떨어지지 않는다. 겨우내 가지에 달려 있는 열매는 새들을 유혹한다. 단풍이 다 떨어진 뒤 남은 붉은 열매는 더욱 강렬하게 보인다. 그렇게 산수유가 잎을 떨어뜨리고 열매를 더욱 돋보이게 만드는 늦가을의 어느 날, 추적추적 내리는 비와 싸늘한 기온 때문인지 자주 가던 공원에는 사람이 없었다.

    나는 산책하며 주변 생물을 관찰하길 좋아한다. 그날은 날씨가 좋지 않아 나가기 싫었지만, 꼭 관찰해야 할 나무가 있어 힘겹게 나선 거였다. 산수유가 떨어뜨린 단풍을 보며 이제 가을도 끝났구나 싶었는데 나무 아래 낙엽 사이에 불쑥 솟아오른 하얀 먹물버섯이 눈에 띄었다. 매번 도감으로만 보던 먹물버섯을 실제로 본 건 처음이라 나는 나무 아래 엎드려 한동안 떠나지 못했다.

대개 버섯들은 축축한 날씨에 올라와 날이 좋아지면 허물어져 사라진다. 그 공원엔 자주 갔어도 보지 못했는데, 그날의 흐린 날씨 덕에 처음 먹물버섯을 만날 수 있었다. 먹물버섯은 갓을 펼친 후 갓 가장자리가 먹물처럼 녹아떨어지는 독특한 형태를 가진다. 이것은 단순히 먹물버섯이 사라지는 과정만은 아니다. 나는 똑똑 떨어지는 먹물을 받아 신이 나서 집으로 왔다. 현미경으로 관찰한 먹물 속엔 수많은 포자가 있었다. 관찰하고, 논문과 도감을 살펴보고, 표본을 만들고 보니 밤이 되어 있었다. 버섯을 연구하는 균학자도 아니고, 논문을 쓸 것도 아니고, 버섯 재배를 할 것도 아니지만, 나는 그냥 이런 시간이 좋다.

나는 버섯 말고도 모든 생물을 좋아한다. 만약 내가 바닷가에서 자랐다면 해양 무척추동물을 연구하는 학자가 되었을지도 모른다. 5년 넘게 집 냉장고에 있던 파랑갯민숭달팽이와 흰갯민숭달팽이를 보면 말이다. 그림도 마찬가지다. 과학 도해를 하고 있지만 사실 다른 그림도 그린다. 꼭 그림이라고 말할 수 없는 형태들, 혹은 다른 미술 분야의 작업도 좋아한다. 친한 미대 교수님께만 딱 한 번 나의 자유로운 그림을 보여드린 적이 있다. 그분은 계속 그림이 쌓이도록 조금 더 열심히 집중해보라고 하셨는데 정중히 사양했다. 자유롭게 그림을 그리는 일은 버섯을 관찰하는 것과 같은 일이다. 하는 동안 행복하고, 하지 않으면 견딜 수 없지만, 무언갈 이루지 않아도 만족한다. 해소하고 싶었던 것이지 확인받고 싶지는 않은 일이랄까?

상담자: 저는 지금 수목원에서 일하고 있어요. 좋은 기회에 공무직이 되어서 채용되었어요. 올해 4년 차인데 모든 작업이 반복적이기만 하고 새롭게 하는 게 없으니까 삶이 쳇바퀴 도는 느낌이 들기 시작하면서 새로운 걸 하고 싶어요. 창작활동에 대한 욕구가 있다 보니까요.

선생님: 지금 직장을 그만두실 건 아니시죠? 그런 생각도 하고 계신 거예요?

상담자: 요즘 고민이 많아서 아예 그만두고 다른 걸 하는 게 방법일까? 하는 생각도 해요. 그래도 당장은 먹고살

아야 하니까 쉽게 놓지는 못하고 있어요.

선생님: 그러면 지금 일하고 있는 수목원에서 새로운 걸 제안하거나 시작해 볼 순 없어요? 먹고사는 문제를 해결하긴 어려운 일인데 좋은 동료들과 안정적인 직장이 있는 건 참 복이잖아요. 새롭게 창작활동을 할 수도 있겠지만, 지금 수목원에서 담당하고 계신 온실에 그런 마음을 발휘해보시는 건 어떠세요? 본인이 가장 잘 할 수 있는 창작활동을 해보는 거죠. 온실에서 만난 사람들과 무언가를 해본다던가, 온실 탐방기를 글로 써 출판도 염두에 둬본다던가, 그곳의 식물을 소재로 창작활동을 해본다거나 하는 거죠. 그림도 그리고 싶으세요?

상담자: 좋은 아이디어네요. 글을 쓸지, 그림을 그릴지, 아직 구체적인 건 없어요. 뭔가를 표출하고는 싶지만, 막연하게 생각하고 있어요. 그림은 중학교 때까지 입시 위주로 조금 했지만 그 이후로는 미술을 완전히 놓아버렸어요. 다시 시작하려니까 막막한 거예요.

선생님: 저는 창작활동에서 '막막하다'라는 말이 조금 안 어울린다 생각해요. 창작활동엔 막막한 게 오히려 더 좋은 건 아닐까요? 예술은 시작하는 게 아니라 내재해 있는 거 같아요. 창작 욕구를 해소해서 행복해지고자 하는 거라면 배움이 꼭 필요하다는 생각은 안 해요. 혹

막막하다는 생각은 자신도 모르게 빨리 결과물을 내거나, 무언가를 이루려는 목적성이 있어서 그런 건 아닐까요? 자신도 모르게 '행복했으면 좋겠다.' 안에 '위대해지고 싶다.'가 숨어 있기도 하잖아요.

상담자: 저도 제 이름을 알리고 싶다는 욕구가 있어요.

선생님: 누구나 다 있다고 생각해요. 근데 '행복하다'와 '위대하다'를 구분할 필요가 있을 것 같아요. 처음부터 위대해질 수는 없으니까요.

1년 동안 매주마다 하루에 3~4시간씩 식물 도해 수업을 진행한 적이 있다. 3년간 20명 정도의 학생들이 그 긴 수업을 감사히 잘 따라와주었고, 중간에 그만둔 학생들까지 합치면 약 40명가량의 사람을 만났다. 나이와 직업, 성향이 다양한 분들을 만날 수 있어서 배운 게 많았다.

국내에 과학적으로 도해를 그리는 사람이 필요하다는 나의 지나친 열정으로 일반인에겐 다소 어려울 수 있는 식물학 수업과 그림 수업을 진행하고, 숙제까지 넘치게 내주었다. 숙제 검사를 할 때면 원래 숙제 분량의 두세 배를 열정적으로 해와 모두를 놀라게 하는 이도 있었고, 숙제를 매번 안 해와도 반 분위기를 유쾌하게 만들어 모두가 사랑하는 이도 있었다. 미술 전공자이거나 그림을 잘 그리는 이도 있었고 식물을 이미 잘 아는 이도 있었다.

나는 사람들을 만나며 창작과 그 창작을 하는 작가에 대해 여러 가지 생각을 했다. 어떤 성향의 사람이 진정한 창작을 하는 작가가 될 수 있는지 말이다. 재료나 방법, 결과물에 있어 막막함이 없는 사람, 결과물이 아닌 그 과정까지도 창의적인 사람, 아무도 보지 않는 과정에서도 자신의 메시지가 있는 사람, 다른 이를 절대로 따라 하고 싶어 하지 않는 사람, 역사 속에 유일한 사람, 장르를 넘나드는 사람, 경제적 목적 없이 창작을 시작하는 사람, 창작 욕구를 해소하지 못하면 못 견디는 사람, 배움이 시작되기 전에도 그 후에도 스스로 계속 창작하는 사람 등에 대해서.

매주 수업이 끝날 때면 역사 속 작가의 그림을 하나씩 알려주며 작가에 대해, 그림에 대해, 그림 속 식물에 대해 알아 오는 숙제를 냈다. 다음 수업을 시작할 때 돌아가면서 발표하고 토론하는 시간을 가졌다. 서양에 널리 알려져 있으나 우리나라엔 생소한 식물 도해의 역사를 알려주고 싶은 마음도 있었고, 여러 작가의 인생이나 그림 스타일을 보며 자신의 방향성을 찾길 바랐다.

일부러 좋은 작품, 좋은 작가만 고르진 않았다. 당시에는 위대한 작가였으나 현재에는 과대 평가되었거나 엉터

리였던 작가도 있었다. 정치적 상황을 이용해 권력자 곁에서 그들의 입맛에 맞는 화려한 꽃 그림을 그린 작가도 있었고, 식물학 교수나 명망 있는 과학자였던 자신의 입지를 이용해 수준 낮은 도해를 대량 남긴 작가들도 있었다. 그런 작가들에 가려져서 핍박을 받다가 몇백 년이 지나서야 재조명받는 작가들도 있었다.

과학과 미술 분야가 아니더라도 모든 일은 결국 사람이 하는 일이라 결과물을 객관적으로 판단할 수 있기까지는 많은 시간이 필요하다. 권력이 사라지고 그들을 떠받들던 후손도 다 사라져 객관적일 수 있을 때 정말 좋은 작가를 알아볼 수 있을 것이다. 결국 현재의 누군가를, 혹은 결과물을 두고 정말 위대하다고 판단하긴 이른 것 아닐까?

그러니 창작활동을 시작하려 한다면 스스로 행복하고 떳떳한 데 초점을 맞추고 그냥 시작해보면 좋겠다. 그럼 덜 막막하지 않을까. 뚜렷한 결과물이 없어도 그 과정만으로 그저 행복할지도 모른다.

사람이 살아가는 데
얼마나 많은 것이 필요할까요?
내가 가지고 있는 것의 가치와 소중함을 알아야
무언가 소중한 것이 내 곁에 다가왔을 때
알아볼 수 있을 거예요.

섬매발톱나무 *Berberis amurensis* var. *quelpaertensis*

주저하는 이끼 연구자

　　　　선생님: 석사 때 이끼, 그러니까 선태류를 공부하신 거예요? 우리나라에 선태류 연구자가 거의 없을 텐데요. 연구자가 거의 없는 분야를 하신다니 제가 다 기분이 좋네요.

상담자: 네, 원래 이보디보 Evo-devo; Evolutionary Developmental Biology, 진화발생생물학에 관심이 있었어요. 애기장대에 중요한 유전자가 있는데 그게 이끼에도 너무 똑같이 보존되어 있는 걸 지도교수님께서 관심을 가지고 계셨어요. 실험실에 과제가 있는 분야는 아니었지만 제가 연구해

보고 싶다고 해서 하게 되었어요. 도움받을 수 있는 다른 학교 실험실에서 실험도 배우면서 석사를 얼렁뚱땅 했죠.

선생님: 열심히 하신 것 같아 얼렁뚱땅은 아닌 것 같네요. 자연계 석사과정 학생이 실험을 마무리하고 학위논문까지 2년 기한 안에 마치면 저는 칭찬받을 만한 것 같아요. 말씀하신 연구 과정이나 앞으로 결정한 진로를 보면 너무 잘하고 계신데 뭐가 고민이세요?

상담자: 제가 학부 때는 화학을 공부했거든요. 식물 화학 물질에 관심을 가져 화학을 시작했다가 나중에는 식물 진화나 발달에 더 재미를 느꼈어요. 그런데 막상 이 분야로 와보니 너무 마이너 minor, 비주류 분야한 거예요. 예전에 생물학 학회에 간 적이 있어요. 암 연구 세션에는 사람들이 열심히 발표를 듣는데 식물 세션이 되니 다들 스키를 타러 가는 거예요. 그래서 식물학이 좀 마이너하구나 했는데, 그 안에서 진화와 발달은 더 마이너하더라고요.

선생님: 박사를 하고, 포닥 post doct, 박사후연구원을 하고, 더 깊고 전문적으로 연구할수록 우리 다 마이너한 것 아닐까요? 논문을 쓰면 그런 생각이 들잖아요. 그래도 식물학에서 제가 공부하는 분류학보다는 덜 마이너할 텐

데……

상담자: 분명 좋아서 하는 건 맞는데, 학회 때와 같은 일
　　이 있을 때마다 불안한 마음이 들어요. 내가 너무 외길
　　로 가고 있나 싶어서 그게 고민이에요.

2년 안에 학위를 마치지 못하는 석사과정생을 많이 봤
다. '수료'는 수업만 다 들으면 되는 거라 학위가 아니다.
학위를 하려면 논문을 써야 하는데 대개 석사 때 처음 논
문을 쓰는 게 쉽지 않아 늦어져 계속 수료 상태이거나 결
국 학위를 포기하기도 한다. 석사 논문을 라면 받침이라
고 농담처럼 말하지만 사실 당사자는 쉽지 않다.

상담자는 좋은 대학에서 열심히 기한 내에 석사까지
마치고 영국으로 박사 과정을 떠나기 전 식물상담소를 찾
아온 학생이었다. 이야기를 들어보니 나보다 똑똑하고 현
명하게 과학자의 길을 잘 가고 있어서 처음에는 연구와
관련된 고민은 없을 것 같았다. 그런데 본인 연구 분야가
너무 비주류라 비슷하게 비주류 공부를 하는 사람과 이
야기하고 싶었다고 했다. 식물학 분야에서 분류학은 정말
비주류의 학문이다. 대학에 식물분류학 교수님이 없는 경
우도 허다하다.

나도 같은 고민을 한 적이 있지만, 다른 분야로 갈 생각

을 한 적은 없다. 왜냐하면 분류학이 제일 재미있었기 때문이다. 대학원은 자신의 의지로 좋아하는 공부를 더 하기 위해 가는 곳이니까.

내가 있었던 대학에는 다양한 식물학 실험실이 있었다. 그러나 우리 실험실은 분류학을 연구하니 다른 실험실과 연구 주제가 동떨어져 별로 함께하지 못했다. 며칠 동안 산을 헤매어 더러워진 등산복과 등산화를 신고 동료들과 복도를 지나가거나 채집해온 식물 표본을 정리하고 있자면 다른 실험실 사람들은 신기하게 보았다.

1년 내내 거의 밖에 나가지 않고 창백한 피부로 실험실에만 있는 다른 실험실 사람들과 달리 우리 실험실 사람들은 다들 까맣게 타 있었다. 전공마다 어려움이 있겠지만 육체적으로 힘든 채집과 표본 제작, 다양한 종을 분류하는 암기 능력에 이어, 다른 실험실 사람들처럼 실험하고 컴퓨터로 분석하는 과정까지 하니 우리는 일의 종류가 다양하다고 한탄하기도 했다. 다른 실험실에서는 큰 과제를 다 함께 하는 경우가 흔했는데 우리는 식물 분류군별로 외롭게 각각 연구했다. 국화과, 장미과, 난초과, 벼과처럼 말이다. 그러나 다들 개의치 않아 했다. 우리는 그저 식물분류학을 공부하고 싶어 모인 사람들이었으니까 말이다.

실험실 생활을 시작하려는 학부생, 대학원생, 포닥, 교수님까지 다양한 사람을 식물상담소에서 만났다. 박사학위를 하고 1년이 되었을 때 어느 젊은 교수님을 만난 적이 있다. 나는 어디서 포닥 생활을 이어가야 할까 고민하고 있었는데 그 교수님은 최근의 고민을 이야기하시며 자신이 교수 생활에 맞지 않다는 걸 깨달았다고 하셨다. 좋은 연구 업적으로 교수가 되었지만, 막상 교수가 되고 보니 연구가 하고 싶은 것이지, 교수를 하고 싶었던 건 아니라는 것이다.

박사학위를 하고 나면 고민이 좀 줄어들 것 같았지만 다시 포닥 과정을 고민하고 있던 내게 교수가 되어서도 고민이 있다는 얘기는 참 허탈한 깨달음이었다. 어디에서 듣기로 지금 내가 사는 모습이 미래의 내 모습이라고 했다. 이런 고민은 고민이 아니라 그냥 생활인가보다. 그러니 아마도 상담자는 이전에 잘 해왔듯 지금 영국에서 박사 과정을 멋지게 해내고 있을 것 같다.

존경하는 한국 식물분류학자 중에 지금은 은퇴하신 박수현 선생님이 있다. 한국의 귀화식물, 양치식물, 벼과, 사초과를 정리하는 데 공헌하셨다. 연구 초기 자생식물 연구에 좀 더 주력하는 분위기에서 귀화식물 연구는 미흡했다.

그리고 양치식물, 벼과, 사초과는 모두 어려운 분류군이다. 양치식물은 꽃이 없는 고사리류이고, 벼과는 잔디나 벼처럼 잎이 길고 날카롭게 생긴 종류다. 사초과도 벼과와 닮은 모양새인데 분류가 더 어렵다. 오죽하면 사초과를 공부하면 죽는다는 농담도 있다. 실제 과로로 죽은 식물학자가 있다나 어쨌다나. 만약 처음 석사과정에 들어와 지도교수님께 사초과를 연구주제로 받으면 선배들이 진심 반, 놀림 반으로 이야기한다. "야, 너 사초과 공부하면 죽을지도 몰라!"라고.

나는 박수현 선생님께 왜 다들 기피하는 분류군을, 그것도 네 개나 하셨냐고 물은 적이 있는데 그 노학자는 웃으며, "아무도 안 하니까 하지!" 그러셨다. 다들 기피하는 일을 하는 건 위대한 일일지도 모른다.

학부 때 내게 식물 그림을 그려보라고 권해주신 박재홍 교수님은 외국에서 나온 식물도해 화집을 몇 권 가지고 계셨다. 그 책들과 논문, 도감을 보며 식물 그림을 혼자 그리기 시작했다. 학교 교정의 식물부터 하나씩 해부하여 기록했는데 밤까지 그림을 그릴 때면 시간 가는 줄도 몰라서 교수님이 집에 가라고 하실 때도 있었다.

그러나 책으로 독학하고 있는 내가 잘하고 있는 건지는 알 수 없었다. 그럼에도 불구하고 열심일 수 있었던 이유는 그때 교수님이 하신 말씀 때문이다. "나도 그림을 그리지 않아 이 분야를 잘 모르고, 너도 독학이라 잘 모르지만 그림이 쌓이면 무언가는 된다." 그리고 또 이런 말씀도 해주셨다. "나중에 알고 보니 형식에 맞게 정확하게 그렸다면 바르게 가고 있어 좋은 것이고, 만약 전혀 형식이 다른 그림을 그렸다는 걸 깨달았다면 아마도 새로운 분야를 개척한 거겠지."라고 말씀해주셨다.

그 말씀 때문에 나는 지금까지 그림을 그리게 되었다. 사람들이 선택하지 않은 걸 한다는 건 개척자가 된다는 의미이기도 할 것이다.

인생의 답은 멀리 있다고 생각하기 쉬워요.
하지만 베란다에서 기르는 식물 하나도 자세히 들여다보면
현명한 지혜를 품고 있답니다.

생달나무 *Cinnamomum yabunikkei*

우리들의 따뜻한 식물상담소 이야기

죽은 아기 물고기를 묻었더니 싹이 났어요!

어린이1: '백설공주'라는 꽃이 집에 있었어요. 그런데 꽃
피기 직전에 병충해 같은 게 생겨서 밖에 내놓았더니
누군가 가져갔어요.

어린이2: 그때요, 파리의 습격이 있었거든요? 꽃향기가
좋다 보니까 계속 파리들이 집에 들어왔어요. 가끔 자
고 있을 때 입에 붙어 있기도 하고 그래서 '아, 모르겠
다.' 하고서는 밖에다 잠깐 놔뒀어요. 아파트 단지에 화
분을 모아놓는 곳이 있거든요. 여름에 비를 왕창 맞고
엄청 잘 자랐어요. 진짜 잘 자라서 아기 이파리도 옆에
세 개 생겼거든요?

어린이1: 그런데 겨울에 없어진 거예요! 그래서 한 번 물어봤더니 누군가 보관하고 있다고 했어요. 그래서 봄쯤이면 다시 내놓을까 했는데, 봄에도 안 내놓은 거예요. 진짜 계속 안 내놓아요. 지금도 없어요.

선생님: 누가 훔쳐 간 거예요, 그러면?

어린이1: 네, 훔쳐 간 것 같아요. 예전에 제가 아기 물고기 세 마리를 키웠거든요? 그런데 다 죽어서 땅에다 묻어줬는데, 그 위에 아기 식물이 났어요. 그것도 딱 세 개가!

어린이2: 그 화분 바로 밑에다 물고기를 묻어줬거든요. 그런데 여름에 비가 오고 나서 식물 세 개가 난 거예요.

선생님: 묻은 건 물고기인데 그 위에 놓은 화분에서 식물이 났다는 건…… 환생한 거예요? 아유, 귀여워라. 물고기가 식물로 다시 태어났는데 훔쳐 가서 어떡해요.

어머니: 아이가 너무 슬퍼서 그 얘기만 하면 눈물을 뚝뚝 흘려요.

이 콩을 뜯으면 또 뭐가 나올까?

(식물 관찰 이야기, 자주개자리)

어린이1: 엄마, 이걸 뜯으니까 물이 나와. 이 물은 뭐예
요? 이런 열매도 나왔어.

선생님: 그건 자주개자리라고 하는 식물인데 자주색 꽃
이 폈다가 지금 다 지고 안에 이렇게 열매를 맺었어요.
한번 찢어봐요.

어린이1: 이걸 찢으면 또 액체가 나와.

어린이2: 선생님, 이거 써도 돼요?

선생님: 네, 핀셋 두 개 다 써도 돼요. 조금 뾰족하니까 조
심하고.

어린이1: 어? 여기 뭐가 나와요!

선생님: 뭐가 나왔어요? 옆으로 쪼개면 동그란 덩어리가 나올 텐데, 응?

어린이1: 볼록해. 동그란 게 나오는데.

어린이2: 어, 이거예요? 선생님?

어린이1: 선생님, 뭐가 나와요!

선생님: 어, 맞아요. 그거예요, 그거!

어린이3: 이거예요?

선생님: 네. 여기 이렇게 생긴 거. 여기 반짝거리는 연두색. 이게 콩이에요. 콩 종류요. 우리가 자른 게 콩꼬투리예요. 자주개자리가 콩과거든요. 콩이랑 가까운 식물이죠. 이게 콩꼬투리고 이 안에서 콩이 나와요.

어린이2: 우와! 완두콩 같아. 이 콩을 뜯으면 또 뭐가 나올까?

어린이2: 원자가 나오지!

어린이1: 원자를 뜯으면 뭐가 나와?

어린이2: 원자는 더 이상 쪼개지지 않아.

어린이1: 아냐. 원자를 계속 쪼갤 수 있어, 나노로봇으로. 누가 안 된대? 다른 것도 이런 거 나와요?

선생님: 다른 거 뜯어볼까요?

어린이1: 그거는 뭐예요?

선생님: 이거는 좀목형이라고 하는 꽃인데 꽃이 지고 나

면 이렇게 초록색 열매가 맺혀요. 이 열매 안에 씨앗이 있는데 열매가 좀 딱딱해서 잘 안 쪼개져요. 내가 반 쪼갠 걸 줄게.

어머니: 아. 흰색, 흰색.

어린이1: 나온다!

선생님: 그게 씨앗이에요. 익으면 더 잘 나올 텐데. 지금은 잘 안 돼요.

어린이3: 우와! 이거 안 익었어요?

선생님: 네, 안 익었어요. 초록색이죠?

어린이1: 익으면 먹어요? 써요?

선생님: 글쎄. 먹기에는 너무 작지 않아요? 먹으면 안 될 거야.

어린이3: 선생님 만나고 싶으면 여기로 오면 돼요?

선생님: 아, 식물상담소는 매일 열리지는 않아요.

어린이2: 그럼 다음 달에 또 오면 돼.

어머니 : (웃음)

어제까지는 안 보였지만 내일부터는 보일 거예요

(식물 관찰 이야기, 미국실새삼)

상담자1: 요즘에 많이들 플랜테리어를 하잖아요? 꽃꽂이 배우는 사람도 진짜 많고요. 그런데 저는 꽃을 한 번도 사본 적 없어요. 꽃이 좀 징그럽기도 하고 그래요.

선생님: 아직 젊어서 그런 거 아닐까요?

상담자1: 아, 그런가? 제가 젊은지 모르겠어요. 밖에 있는 꽃은 너무 예쁜데 집에 있는 건 저는 좀 그렇더라고요.

상담자2: 저는 선물 받는 것도 싫어요.

상담자1: 저는 주면 감사하긴 한데, 그게 그다지 의미 있다거나 집에다 두고 "너무 아름다워!" 하고 생각하지는 않아요. 한 번도 그래본 적은 없어요.

상담자2: 맞아, 맞아요.

선생님: 대부분 식물에 관심이 없다가 은퇴하고 나이 들면 꽃 사진이 핸드폰에 가득하고 그러기도 하죠. (웃음)

상담자1: 나중에 그럴까요? 근데, 이거 혹시 볼 수 있어요?

선생님: 네. 좀 설명해 드릴까요? 이건 루페라고 하는데 돋보기처럼 확대해서 볼 수 있게 해줘요. 눈에 가까이 대서 보면 잘 보여요. 보이시나요?

상담자1: 네. 근데 얘는 뭐예요?

선생님: 미국실새삼이라고 하는 식물이에요.

상담자1: 미국실? 실새삼? 이름 특이하다.

선생님: 새삼, 미국실새삼. 이런 식물들이 다 기생식물이에요.

상담자1: 어디에 기생해요?

선생님: 다른 식물에요. 이걸 한번 보세요.

상담자2: 아, 징그러워.

선생님: 여기 보면 우리가 많이 아는 강아지풀이잖아요. 강아지풀 줄기 밑을 이렇게 똘똘똘 감고 있는 거예요.

상담자1: 그럼 항상 이렇게 자라요?

선생님: 네. 미국실새삼을 보면 초록색이 없죠. 거의 노란색이고 잎도 없어요. 잎이 원래 안 나요.

상담자1: 그럼 꽃만 나는 거예요? 되게 특이하다.

선생님: 초록색이 있다는 건 엽록소가 있는 거고, 엽록소가 있다는 건 광합성을 한다는 얘기거든요? 얜 엽록소도 없고 광합성도 안 하고 다른 식물의 영양분을 뺏어 먹어요. 여기 보면 이렇게 완전히 꽉 쥐고 있잖아요. 다른 식물에 붙은 부분에 이미 뿌리가 파고들어 있는 거예요.

상담자1: 아, 그래서 돌기 같은 게 있구나.

선생님: 영양분을 뺏어 먹으니까 꽃 피고 열매 맺는 것만 열심히 하는 거죠. 그게 꽃이에요. 꽃잎이 다섯 개고 중간에 두 개 나와 있는 건 암술이고요. 가장자리에 이렇게 다섯 개 있는 건 수술이에요. 그리고 좀 더 크고 노란 건 열매를 맺은 거예요. 열매를 쪼개보면 씨앗이 들었어요. 일반적으로 네 개 정도 들었는데 확대해서 보면 나팔꽃 열매랑 거의 비슷하게 생겼어요. 나팔꽃 열매의 축소판으로 생겼죠.

상담자1: 우와, 신기하다! 반지 모양 같아요. 어머, 어머! 그거 씨앗이에요?

선생님: 네, 나중에 갈색으로 익어요. 근데 이 씨앗을 심으면 싹이 실처럼 솟아나서 그때부터 빙빙 돌기 시작해요. 천천히. 그리곤 냄새를 맡아 숙주 식물이 있는 데를

찾아가 감는 거죠.

상담자1: 와, 신기하다!

선생님: 그다음 뿌리를 끊어요. 뿌리가 딱히 필요 없거든
요. 영양분은 숙주에게서 얻으니까요. 그렇게 덩굴이
뻗어나가면서 옆에 있는 다른 식물도 잡아먹으러 가요.

상담자2: 이렇게 보니까 예뻐 보여요. 예쁘다!

상담자1: 색이 진짜 예쁘다.

선생님: 미국실새삼이 실제로 있는 곳에 가면 밭이나 잡
초 우거진 곳에 거미줄처럼 있어요. 그래서 사람들이
눈여겨보지 않아요. 근데 주변에 진짜 많아요.

상담자1: 진짜 재미있다.

상담자2: 근데 이 식물을 왜 여기에 가져오셨어요?

선생님: 이걸 보여드리려고요. 설명을 들으면 신기해하
실 거잖아요. 주변에 정말 흔한데. 한 번 설명을 듣고 관
찰하고 나면 그다음부터는 길에서 보일 거예요.

제 팔에서 이건 장점이고 이건 단점이에요

(식물 관찰 이야기, 산수국)

선생님: 이 꽃이 뭔지 알아요?

어린이1: 몰라요.

어린이3: 어디서 본 거 같은데.

선생님: 많이 봤을 거예요. 이게 원래는 파란색이었어요.

어머니: 수국.

선생님: 네, 수국 종류인데 산수국이에요. 원래 이렇게 생겼
는데 지금은 초록색으로 변한 거예요.

어린이3: 엄마, 수국 사진 봐봐! 보라색이야.

선생님: 네. 우리가 많이 아는 수국은 그거예요. 이렇게
큰 꽃만 있는. 안쪽에 아주 작은 꽃들이 있는 건 산수국

이에요.

어린이1: 자르니까 이게 나왔어요!

선생님: 씨앗 나왔어요? 그렇네?

어머니: 꽃이 지고 열매가 생긴 거예요?

선생님: 맞아요. 지금은 꽃이 지고 열매 끝에 암술만 남은 거예요. 조그맣게 세 개 나온 거 보이죠? 뽀족하게.

어머니: 예.

선생님: 가에 있는 큰 꽃은 가짜 꽃이라서 암술, 수술이 없어요.

어린이1: 엥? 가짜?

선생님: 안쪽 작은 꽃이 진짜 꽃이에요.

어린이3: 이건 그러면 가짜 꽃은 이파리예요? 아니면 이 파리 비슷한 그런 거?

어린이1: 근데 왜 진짜 꽃에 가짜 꽃이 달려 있어요?

선생님: 이렇게 가장자리에 큰 가짜 꽃이 있으면 꽃무리 가 더 크게 보이는 거죠. 수국은 산수국과는 달리 가짜 꽃만 있어서 더 눈에 띄어요. 그렇지만 다 가짜라 수국 은 열매를 못 맺어요.

어머니: 아아.

어린이3: 예쁘기 위해서? 그럼 산수국은 열매를 맺어요?

선생님: 그죠. 산수국은 열매를 맺어요. 수국은 사람이 만

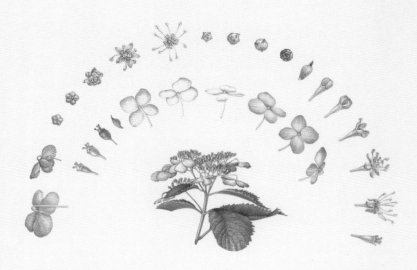

산수국 *Hydrangea macrophylla* subsp. *serrata*

든 거예요. 씨앗이 없어서 번식시키려면 줄기를 잘라서 심어야 해요. 그렇지만 산수국 열매에는 이렇게 씨앗이 들었어요.

어린이1: 우와! 이렇게 하니까 나와요.

어린이3: 식물은 다 장점만 있는 것 같은 느낌이 들어요.

선생님: 장점만 있는 것 같은 느낌? 좋은 말인데요?

어린이1: 선생님, 제 팔에 있는 두 점 중에 이건 장점이고 이건 단점이에요.

선생님: 그래요? 장점이 더 작네? (웃음) 예전에 어느 화가 분이 이렇게 팔에 점이 있었는데 어떤 꼬마가 와서 "이

건 뭐예요?" 물었더니, "이건 착한 사람의 증표란다."
대답했던 기억이 나네요.

어린이2: 착한 사람의 증표? 나는 점이 없는데. 이게 점이
라고 우기긴 하지만.

선생님: 그러면 되지.

어린이1: 아빠가 이 점이랑 이 점은 짜장면이 튄 거래요.
옛날에 중국집에 가서 짜장면 시켜 먹었거든요? 비비
다가 튀어서 아빠가 닦으랬는데 안 닦아서 점이 된 거
래요.

선생님: 진짜요?

어린이1: 전설이에요.

어린이3: 우리 아빠는 유머 감각이 있어서 좋긴 한데 너
무 많아서 그게 탈이에요.

산수국 *Hydrangea macrophylla* subsp. *serrata*

이런 거 진작 알았으면 얼마나 좋았을까요? 더 어릴 때

(식물 관찰 이야기, 미국쑥부쟁이)

선생님: 한번 같이 볼까요? 미국쑥부쟁이는 국화과거든
요? 해바라기나 국화처럼 생긴 꽃을 가진.

상담자: 얘랑도 비슷하네요.

선생님: 맞아요, 다 국화과예요. 우리가 국화꽃 한 송이라
하잖아요. 근데 이게 한 송이가 아니에요. 여러 꽃송이
가 모여 있는 모습이거든요?

상담자: 그렇구나. 처음 알았어요.

선생님: 네, 그래서 꽃 한 송이 같아도 사실 꽃다발이에
요. 그러면 이 꽃을 뜯어볼까요? 잔인하지만, 뜯어보셔
도 돼요. 이렇게 뜯길 거예요.

상담자: 어, 이렇게 뜯긴다.

선생님: 가에 있는 꽃이랑 안에 있는 꽃이 다르게 생겼죠? 작은 건 돋보기로 보셔야 될 거예요.

상담자: 뭔가 삐죽삐죽 나왔어요.

선생님: 가에 있는 꽃들은 카라 꽃처럼 생겼을 거예요.

상담자: 신기하다! 카라 닮았네 진짜.

선생님: 우리가 꽃잎을 한 장씩 뜯으면서 '사랑한다' '안 한다' 꽃점을 치려면 꽃잎이 하나씩 떨어지는 갈래꽃이어야 돼요. 나팔꽃 같은 통꽃은 그게 안 되잖아요.

상담자: 아!

선생님: 우리가 한 송이인 줄 알았던 국화과 꽃 무리는 꽃이 이렇게 낱낱이 떨어지니 꽃점이 되죠. 그런데 사실 꽃잎처럼 보이는 이 하나하나가 꽃이에요. 카라처럼 통꽃이죠. 그러니 엄밀히 말해 국화과 꽃 한송이로는 꽃점을 칠 수 없어요. 이 꽃 중앙에서 두 개 나와 있는 게 암술머리예요.

상담자: 아, 나와 있는 게요?

선생님: 네. 그리고 통꽃을 갈라보면 밑에 있는 것들이 수술이에요. 찾으셨어요?

상담자: 어? 우와! 그렇구나. 우와! 신기하다.

선생님: 근데 이게 더 신기한 게 꽃밥 다섯 개가 길쭉하고

납작한 핫도그 모양인데 서로 양옆이 붙어서 둥글게 배치되어 빨대처럼 돼요. 그 중간에서 암술이 뚫고 나오는 거예요.

상담자: 너무 신기하다. 귀엽다.

선생님: 너무 신기해하시는데요? (웃음) 이런 식으로 접근하면 더 재밌게 그리실 수 있으실 거예요.

상담자: 아, 처음 알았어요. 이런 거. 어릴 때 진작 알았으면 얼마나 좋았을까요?

꽃을 키워서 자수성가했다고요?

(식물 관찰 이야기, 맥문동·수크령·바랭이)

상담자: 아, 이거는 많이 본 것 같긴 한데, 뭐지……?

선생님: 맥문동이에요. 맥문동 들어보셨어요?

상담자: 아니요, 맥문동이요?

선생님: 주변에 많죠. 도심에 흔히 심어요. 담쟁이덩굴처
럼 도심 녹화에 성공한 식물이에요. 외떡잎식물이죠.
잎이 이렇게 나란히맥이거든요? 그물맥, 나란히맥, 혹
시 기억나세요?

상담자: 아, 네. 쌍떡잎식물, 외떡잎식물.

선생님: 여기 돋보기 들고 한번 가까이 보셔요.

상담자: 아, 예쁘다. 가까이서 보니까.

선생님: 꽃 뒤쪽을 보면 꽃받침이 없어요. 꽃받침이 없어서 꽃잎이 여섯 개로 보여요.

상담자: 아. 그렇네요.

선생님: 꽃받침과 꽃잎이 구별이 안 돼서 이걸 꽃잎이라고 해야 하나, 아니면 꽃받침이라고 해야 하나 하는 경우가 있거든요. 그러면 꽃잎이나 꽃받침이라고 안 부르고 그냥 화피라고 불러요.

상담자: 화피?

선생님: 네. 돋보기로 보시면 수술도 여섯 개예요. 중간에 하얀 건 암술이에요. 그래서 작은 꽃잎이 세 개, 큰 꽃잎이 세 개, 수술이 여섯 개. 3의 배수예요. 여러 종류의 외떡잎식물이 3의 배수가 특징이에요. 그래서 꽃은 잘라 보지 않아도 안에 수술이 여섯 개라는 걸 알 수 있어요.

상담자: 너무 신기해요!

선생님: 나이가 어떻게 되시는지 모르겠지만 혹시 옛날 드라마 중에 「국희」라는 드라마를 아세요?

상담자: 네. (웃음)

선생님: 국희가 맥문동을 키워서 자수성가하잖아요. 처음에.

상담자: 과자 만드는 드라마 아니었어요?

선생님: 국희가 어릴 때였나? 한약재인 맥문동을 키워서

성공하는 장면이 있었어요. 맥문동보다 조금 작으면서 꽃 색이 밝고 조그만 식물이 있거든요? 맥문동이랑 비슷한데 잎도 좀 더 얇고요. 그건 개맥문동이에요.

상담자: 이건 뭐예요?

선생님: 그거는 수크령이라고 하는 식물이에요. 수크령, 같이 볼까요?

상담자: 이름이……. (웃음) 이건 정말 많이 봤어요. 이것도요.

선생님: 그건 바랭이 종류예요. 저는 어릴 때 이걸로 우산 모양 만들고 놀았거든요. 해보셨어요?

상담자: 아니요. (웃음)

선생님: 안 하셨어요? 저랑 나이대가 비슷하실 것 같은데, 제가 아주 시골에서 자라서 이런 놀이를 했나 봐요. 이렇게 한 줄기를 뜯어서 나머지 줄기를 묶어요.

상담자: 네.

선생님: 그래서 우산살처럼 만들어서, "우산이다!" 하면서. 이렇게 위 아래로 움직이며, 폈다, 접었다, 폈다, 접었다, 하는 놀이에요.

상담자: 아, 네. (웃음)

선생님: 왜 이렇게 웃으실까? 저만 어릴 때 했나 봐요. (웃음)

집 밖으로 내쫓긴 식물들을 위한 애도

상담자1: 집에서 식물을 키우다가 잘 안 되잖아요? 시름
시름 앓으면 사람들이 식물을 밖으로 다 보내버려요.

선생님: 저도 어제 그런 식물을 사진 찍었어요. 열대식물
이라 겨울에 다 죽을 텐데 말이에요. 너무 슬프죠. 사실
은 잘 몰라서 내놓잖아요

상담자1: 맞아요. 외국 식물이라 풍경도 너무 희한하
고……. 제가 사는 동네에 정육점 아저씨가 식물을 좋
아하세요. 가게 앞이 식물로 완전히 도배되어서 그 집
이 정육점인지 꽃집인지 모를 정도예요. 한번은 어디서
이렇게 많은 식물이 났냐고 물어보니까 이웃 사람들이

키우다가 잘 안되면 전부 줘서 그렇게 되었다고 하시더라고요.

상담자2: 와, 진짜 선행하는 집이다.

상담자1: 그런데 문제는 겨울이에요. 겨울이 되면 월동을 못 하는 걸 아니까 식물들을 실내로 들여놓는데 그냥 들이면 너무 크니까 다 잘라서 들여놓아요. 진짜 겨우 요만큼 남겨서요.

상담자2: 어쩔 수 없지. 그래도 생명을 구해야 하니까 그렇지.

상담자1: 그렇죠. 어쩔 수 없는 건데, 참······.

우산이끼 *Marchantia polymorpha*

식물들이 당신에게 건네는 이야기

이웃집 식물상담소

초판 1쇄 발행 2022년 5월 19일
초판 4쇄 발행 2022년 12월 27일

글 · 그림 신혜우
펴낸이 김선식

경영총괄이사 김은영
콘텐츠사업본부장 박현미
기획편집 봉선미 **책임마케터** 박태준
콘텐츠사업9팀장 봉선미
편집관리팀 조세현, 백설희 **저작권팀** 한승빈, 김재원, 이슬
마케팅본부장 권장규 **마케팅4팀** 박태준, 문서희
미디어홍보본부장 정명찬 **브랜드관리팀** 안지혜 오수미 송현석 **뉴미디어팀** 김민정 홍수경 서가을
크리에이티브팀 임유나 박지수 김화정 **디자인파트** 김은지 이소영
재무관리팀 하미선, 윤이경, 김재경, 안혜선, 이보람
인사총무팀 강미숙, 김혜진 **제작관리팀** 박상민, 최완규, 이지우, 김소영, 김진경, 양지환
물류관리팀 김형기, 김선진, 한유현, 민주홍, 전태환, 전태연, 양문현, 최창우
외부스태프 표지 · 본문디자인 쏠트앤하우스

펴낸곳 다산북스 **출판등록** 2005년 12월 23일 제313-2005-00277호
주소 경기도 파주시 회동길 490 다산북스 파주사옥 3층
전화 02-702-1724 **팩스** 02-703-2219 **이메일** dasanbooks@dasanbooks.com
홈페이지 www.dasanbooks.com **블로그** blog.naver.com/dasan_books
종이 한솔피엔에스 **인쇄** 민언프린텍 **코팅 · 후가공** 평창피엔지 **제본** 국일문화사

ISBN 979-11-306-9082-7 (03180)

다산북스(DASANBOOKS)는 독자 여러분의 책에 관한 아이디어와 원고 투고를 기쁜 마음으로 기다리고 있습니다.
책 출간을 원하는 아이디어가 있으신 분은 다산북스 홈페이지 '원고투고'란으로 간단한 개요와 취지, 연락처 등을 보내주세요.
머뭇거리지 말고 문을 두드리세요.